NİYETLER

"Niyet, Eylemden Önce

Michael Laitman

ISBN: 978-1-77228-082-1
© Laitman Kabbalah Publishers

YAZAR : **Kabalist Dr. Michael Laitman**
ÇEVİRİ: Laitman Kabbalah Publishers

www.kabala.info.tr

Kapak: Laitman Kabbalah Publishers
Basım Tarihi: 2023

Michael Laitman

NİYET
"YARADAN UĞRUNA" NİYET

Alma arzusunu ihsan etme arzusu olarak değerlendirebiliriz. Eğer senin hediyeni almam gerçeğinin sana haz vereceğini bilirsem, onu alırım. İçimdeki alıcı (alan), senin hediyeni almakla sana haz vererek bir vericiye (veren) dönüşür. Böylelikle kendi alma arzumu kullanıyorum ama başka bir doğrultuda. Doğal alma arzumun bu yeni kullanımına "ıslah" denir. Kendi arzumdan özgür kalırım, sanki ondan uzakmış ve ona tabi değilmiş gibi. Arzuma köle olmaktansa hiçbir şey almamayı tercih ederim.

Senin hediyeni alırken çok büyük zevk göstermeliyim ki sonrasında bu hazzı sana verebileyim. Bu yolla arzumun kendisi değişmez; değişim sadece onun kullanımındadır.

Arzular her zaman kullanımlarına göre, ortaya çıkan hazza göre ve almayı vermeye çevirme olasılığına göre daha hafif ya da ağır olarak ayrılırlar. Bir arzuyu giysilerinden ayırmak, onu saf koşulunda görmek çok önemlidir. Bu arzuyu en hafifinden en ağırına kadar kullanma fırsatı doğurur. Ancak her parça kendini ifşa ettikçe öncelikle onun üzerinde, "Evet, işte haz bu, ancak bunu kullanmayı durdurabilirim ve ona karşı koyabilirim," diyerek bir kısıtlama gerçekleştirmeliyiz. İşte bu şekilde ev sahibi, haz ve kendim arasında bir paralel çizebilirim.

Ondan sonra, bu sadece bir oyun meselesi. Belli bir arzu bana gelir. Onu tamamen reddettikten sonra ev sahibinin hatırı için alabildiğim kadarını alırım. Bu nedenden dolayı çalışmamıza "çarparak bütünleşmek" denir, çünkü

Michael Laitman  Niyetler

hazzımızı bir perde vasıtasıyla durdurup uzaklaştırırız ve sonra ev sahibine vermek için alabildiğimiz kadar kabul ederiz. Elimdeki tüm araçları doğru kullanmalıyım. Ancak öncelikle, en azından bir dakikalığına, kendimi bana gelen her şeyden ayırmalıyım.

Daha sonra, yaratılışın amacını ele alırken, Yaradan'la bağ kurmak için, her bir hareketimi Yaradan'a yönlendirmeliyim. Tüm arzularımı bu şekilde değerlendirmeliyim. O zaman onlardan aldığım haz çoğalır. Ve bu, haz alma kabımı büyütüyorum demektir. Sadece arzuları doğru kullanmak gerekiyor, yani ortaya çıkan şeyleri sürekli olarak her dakika analiz etmek gerekiyor. Bu süreçte Baal HaSulam ve Kabalist Aşlag Baruh'un makale ve mektupları çok büyük yardım sağlıyor.

İlerleme, neler olduğunu anlamaktan oluşuyor. Arzularımın ve hazlarımın efendisi değilim. Sadece olayların sürekli analizi bizi tüm arzularımızın doğru kullanımına götürür. Düşüncemizi bize neden böyle bir arzu verildiğine yönlendirmeliyiz, ne için, nasıl tepki vermeliyiz ve neden bunu yapmaya değer? Ve bir bakıma buna dışardan bakmalıyız. Bütün bu örneklerle insan Yaradan'ın neden bunları kendisine yaptığını öğrenir. Bazen insana öyle arzular verilir ki, karşı koyamaz ve bazen bunlar doyurulması mümkün olmayan arzulardır.

Sadece her şeyi kontrol altında tutup sürekli izlemek gerekiyor. Çoğu zaman belli bir olay ele alındığında insanın olaya verdiği reaksiyon değil, sadece o olay sırasındaki deneyimdir önemli olan. Ancak olanları doğru değerlendiremeyiz. Bizim gözümüzde bir günah ya da haddi aşma gibi görünmesi sorun değildir. Gerçekten de böyle bir

eylem bizim için faydalı ve istenilmiş olabilir. Yaradan bize, belli bir deneyim ve bilgi edinmek için böyle bir sürü hisler verir.

Sonuç olarak insan Yaradan'la her hangi bir bağ olmamasına rağmen haz aldığını anlar. Bu anlayış onu kendi egoizminin kötülüğünü kavradığı korkunç bir koşula sokar ve bu o kadar güçlüdür ki o zaman kendi kişisel hazzını hemen ve sonsuza dek feda etmeyi, ondan feragat etmeyi arzular.

Ancak Yaradan bizim zevk almamızı istiyor, bu Yaratılışın Amacı olarak beklenilendir ve haz gerçek olmalıdır – hayvansal, bencil seviyede değil, Yaradan'a vermek niyetiyle. Zevk almaya karşı yaklaşım özünde değişecektir.

Tüm yaratılış alma arzusunu temsil eder. Yani, dişi temel verme arzusu olan Yaradan'a, erkek temele karşıdır. Yaratılış da kendi içinde dişi ve erkek kısımlara bölünmüştür. Eğer yaratılış Işığa benzerse ve formu alırsa, o zaman erkek kısım olarak adlandırılır. Ve eğer Işığın dışında kalırsa, bir hayvan gibi alırsa, o zaman dişil kısım diye adlandırılır. Yaratılışın ıslahı açısından arzuların sınıflandırılması bu şekildedir. Ancak ıslahın dışında doğal bir bölünme daha vardır ki, erkek kısım ilk dokuz Sefirot ve dişi kısım da Malhut'dur.

Dünyamızda her şey Âdem'in ruhunun manevi dünyada 600.000 ruha bölünmesinin sonucudur. Bu parçalar ıslahın değişik derecelerindedir ve her seferinde ya dişi ya da erkek fonksiyonlar gerçekleştirmek zorundadırlar, yani bazen sağ çizgiyi (veren, erkek) ve bazen de sol çizgiyi (alan,

Michael Laitman  Niyetler

dişi) izlerler. Tora'daki tüm İsimler yükselme merdiveninde manevi edinimlerdir. Ancak her İsmin edinilmesi için sağ ve sol çizgiyi temsil eden dişi ve erkek parçaların aralıklı olarak oynanması gerekmektedir. Örneğin, Firavun, Musa, İsrail, Dünya Milletleri seviyelerinde hem dişi hem erkek taraflar vardır, ancak her bir İsim belli bir seviyede ancak bir kez edinilir.

Bir kadın ve bir erkek birlikte, Atsilut dünyasının Zer Anpin ve Malhut arasındaki bir Zivug'u (çiftleşmeyi) temsil eder, onların özü ve bağlarının derecesi her seferinde daha yüksek bir seviyeye belli bir isim verir. Erkek ve dişi durumlar tüm 125 manevi derecede sabit durumlardır.

Öyleyse, nasıl davranmalıyız: erkek olarak doğan ben ve kadın olarak doğan eşim? Hepimiz sunulan her hangi bir durumda bize gelen fırsatlara göre davranmalıyız.

Hepimiz egoistler olmamıza ve her şeyde sadece kendi çıkarımızı görmemize rağmen öncelikle pek hoş olmasa da, kendimiz hakkındaki gerçekleri görme fırsatı verdiği için Yaradan'a teşekkür etmeliyiz.

Bir kadın için, evde ya da işte, olaylarla baş edebilmek için hisleri yerine aklıyla içsel kuvvet bulması, bazı şeyler kalbini etkileyip onda vahşi bir tepkiyi ateşleyebilmesine rağmen, bir erkeğe göre daha kolaydır. Her şeyi hafiften almayı ve her şeye dışardan bakmayı öğrenmemiz gerekiyor.

Tüm çalışmamız bu: her durumun ev sahibi olmak, hislerini kontrol etmek. Elbette, kişi patlayabilir, ancak kişi bunun neden olduğunu ve daha sonra ne yapılması gerektiğini analiz etmelidir. Bu şekilde, adım adım beyni kalpten, aklı hislerden ayırırız.

Zohar Kitabı'na giriş şöyle der: "Ve dünyalar, zevk alma arzusunun beden şeklini edindiği yer olan bizim fiziksel dünyamızın realitesine lütfetti. Ve bedeni doyuran şey bir ruh oldu. Ve bu bozulma ve ıslah süreciydi."

"Beden" kişinin kendisi için bencilce alma arzusu demektir. Yaratılış düşüncesinin kökünden çoğaldı, saf olmayan dünyalar sisteminin tümünden geçerek daha ve daha da kabalaştı ve on üç yıl etki altındaydı. Bu sürece "bozulma süreci" denir.

Ve sonra, emirler aracılığıyla Yaradan'a vermeye doğru yönlendirildiğinde, beden kendisini ilk içine gömüldüğü bencilce alma arzusundan arındırmaya başlar ve yavaş yavaş ihsan etme arzusunu edinir. Bu, bedenin Yaradan'ın ışığını, yaratılış düşüncesinin kökünden aşağı inen ruhu almasını sağlar. Ruh aynı zamanda tüm saf olmayan dünyalar sisteminden geçer ve bedenle giyinir. Bu sürece "ıslah süreci" denir.

Yaratılış düşüncesine göre insan, ebediyet dünyasından aşağı inen manevi adımlar merdiveniyle karşı karşıyadır. Bu merdiven onun tüm eylemleri tamamen ihsan edici olana dek, "Yaradan için" niyetini edinmekte yukarı çıkması için kullanılır (yani insanın kendisi için değil sadece Yaradan'a vermek için almasında). Bunu yaparak insan kendi özelliklerinin Yaradan'ın özellikleriyle tamamen bütünlüğüne ulaşır, O'nunla birleşir, çünkü vermek

Michael Laitman  Niyetler

için almak, katıksız vermeye eşdeğerdir. Böylece, insan Yaratılış Düşüncesinde ona Yaradan tarafından bahşedilen muazzam ve sonsuz hazzı almakla onurlandırılır.

Alma arzusunu verme arzusuna dönüştürmek mümkün değildir; alma arzusu insanın "ben"ini temsil eden ve onunla kalan bir şeydir. Gerekli olan şey sadece bu arzuya niyeti eklemektir, yani insanın hazzının yönünü değiştirmesi. O zaman insanın bedeni (arzuları) gelişmeye (örneğin, 10 gramlık) başlar, arınır ve Yaradan'ın ışığı ile doyurulmayı kabul etmeye hazır hale gelir, ışık da bedene girebilmek için kendisini yukarıdan aşağı inerken ıslah olmuş bedenin 10 gramına indirger. Dünyaların iki sistemi – kutsal ve saf olmayan – eşzamanlı çalışırlar ve insanı ıslah etmekte birbirlerine yardım ederler. İnsan tarafından edinilen her manevi adım diğerine tırmanmaya yardım eder ve sonunda insan sonsuzluğu, mükemmelliği ve doğum ve ölümün yeni bir bakış açısını edinerek son adıma ulaşır.

1) Niyetin eylemden önce gerçekleşmesi gereklidir, tıpkı Partzuf'un Başı'nın eylemden önce gelmesi gibi sonra bu "Eylemin sonu" olarak adlandırılır. Eylemin gerçekte uygulanabilmesi için, Vücutta, eylem "önceden oluşturulan bir niyet" ile gerçekleşmelidir. Bu demektir ki önce niyet var olmalıdır.

2) "Herhangi bir eylemin sonucu, ilk düşüncesinin içinde yatar", bu demektir ki eğer eylem doğru ise, kişi sonuca doğru bir niyet ile hazırlanır, sonrasında, sonuç olarak, kişi niyetinde ne planlıyorsa eylemin sonunda bu gerçekleşir.

3) Hatalı niyetin korkusu yalnızca topluluğun şartlarında olasıdır; bunun için, eğer topluluk için önemliyse, aynı zamanda topluluğun tüm üyeleri için de önemli olur.

4) Eğer niyetle Yaradan'la bütünlüğü edinmeyi arzuladıysanız, eylemi gerçekleştirir ve bütünlüğe erişirsiniz. Bağlılık arzu içinde gerçekleştirildiği sırada, bağlılığın hareketi niyet içinde gerçekleştirilir.

5) Kişinin çalışma sırasında niyetini oluşturması maneviyatta eylem olarak bilinir. İhsan etmek için doğru niyet yukarıdan edinildiğinden, çalışmanın amacı doğru niyettir, kişinin çalışmasında, Yaradan'a ihsan etme niyetine sahip olabilmesidir. Hayatta sadece niyet eksiktir. Kap (arzu), niyete ihtiyaç duyar, tıpkı kaplar kırıldığında kaybolan güç gibi.

6) Baal HaSulam bize basitçe şunu söyler: Şu üç faktörü her zaman bir olarak görmeye çalışın: kişinin kendisi, topluluk ve Yaradan. Herkes bu durumu amaçlamalıdır.

7) Çalışma sırasında grubun her eyleminde, bazı konuların açıklığa kavuşturulması sırasında, kişinin çok dikkatli olması gerekir; kişi "bu ya da şu neden yapılıyor?" diye sormalıdır. Eğer bu eylem, hedefine ulaşmak ise, bu "Yaradan'ın ihsan etme niteliğine benzemek amacıyla" Yaradan'a adanmalıdır. Bilgeler bunu bu şekilde diyerek belirlemişlerdir ancak bu bir atasözü değildir. Bu demektir ki, kişinin grupta yaptığı şeyler, her ne olursa olsun, eğer kendisi için amaçlanmışsa hedefe doğru odaklanılmamış demektir ve esas arzulanmış olan Yaradan'la bütünleşmenin dışında bir şeyle sonuçlanacaktır.

Michael Laitman

Bnei Baruch Eğitim ve Araştırma En

Niyetler

(Şubat Dersi 25, 05:Merdivenin Basamakları, Birinci Bölüm, Makale 210, "Kabala Bilgeliğini Çalışmak Konusu Üzerinde")

Niyet Hakkında

8) Niyet kişisel bir konu değildir. Şöyle yazılıdır: "Tek kalpte tek adam." Birleşme kaptır, diğerleri ile bağlanmak zorundasınız. Bu sayede, düzeltilmiş kabınızı bulursunuz, Yaradan'ın kişisel olarak size ait olmadığını, fakat kendinizin uygun kabı oluşturduğunuz tüm diğer kapların derecesine göre ait olduğunu bulursunuz.

Bu yüzden, kendinizi diğerlerinden koparıp Yaradan'a dönerseniz niyet olamaz. Yaradan'a birlikte dönmek için birey olarak hiçbir şeyiniz yok, Yaradan'a hitap etmek sadece "Diğerleri ile bağ kurmama yardım et, onlarla bağım sayesinde senin ilhamın için, sana benzer olabilmek için bir arzu elde ederim" dileği ile mümkün olabilir.

Yaradan ne yaptı? Tora'nın alınması (Yaradan'ın İfşası) için nasıl bir koşul ayarladı? Bağ kurmayı, "Tek kalpte tek adam" olmayı. Yaradan, halka Kendisini düşünmelerini, ya da Ona gelmelerini söylemedi, şunu söyledi, "İşte sen ve ben ayakta duruyoruz. Aramızda bağ olmasını istiyorsanız o zaman aranızda birleşin. Eğer birlikte birleşmeyecekseniz o zaman Ben buradayım, siz oradasınız ve birbirimize uzağız ve ayrıyız." Bu durumda Ona nasıl dönmeyi isteyebilirsiniz? Yaradan zaten koşulu verdi ve biz bunu beraber kendi güçlerimizle oluşturmalıyız, Ona dönmemiz ve Ondan bizi düzeltmesi için güç istememiz gereklidir, ancak böyle bir yalvarmaya, O yanıt verir.

9) Niyet, eyleminizin Yaradan'ı hedefleyeceği anlamına gelir. Kişinin niyeti Onun niyetine benzer ve Onun rızasını yerine getirmek için olmalıdır. Niyet sadece kendi içsel çabanızın sonucudur. Ondan isteyin: Bu talep etmeniz gereken tek şeydir. Arzunuz aynı arzu olarak kalır, Yaradan, aynı Yaradan olarak kalır, tek ihtiyacınız vardır, doğru niyet. Bu bizi birleştirendir. Hangi dereceye kadar bizi birleştirir? Kendinizi sistem ile tüm diğer ruhlar ile bağladığınız dereceye kadardır.

10) Eğer kişinin niyeti yoksa o zaman kişi diye bir şey yoktur, döndürülen bir vida gibidir ve bir hayvan gibi yaşar. Kişiyi "hayvan" olarak adlandırırız çünkü kendi özgür iradesini, özgür seçimini uygulamıyordur. Böyle bir kişi bir hayvanın seviyesindedir. Bu ifade "hayvan"ı aşağılama anlamında değildir; sadece bir seviyenin tespitidir, başka bir şey değildir. Herhangi biri, arzularını direkt uygulayarak yaşıyorsa hayvan olarak adlandırılır; bir hayvan bu şekilde yaşar. Kişi ve hayvan arasındaki fark, kişinin sürekli içinden gelen alma arzusuna karşı nefsine hâkim olabilmesidir. Bunun yerine önce niyetini oluşturur ve kendini Ona doğru yönlendirmeye başlar. Bu, adamın oluşmasıdır, kendini amaca yönlendirir. "Kavana" (niyet) kelimesi, Kivun'dan (yön) gelir, niyeti yönlendirmek. Adamın, hayvana olan üstünlüğünün derecesi, hepimizin içindeki niyetinin derecesi ile ölçülür, çünkü düşünceleri ve eylemleri niyet tarafından yönlendirilir. "Kasıtlı" bir şekilde, kişisel eleştiriden sonra, kötüyü tanımlamada ve kendini hedefe yönlendirdikten sonra ancak kişi kararını verir ve eylemini gerçekleştirir.

11) Niyet, Bahar Kongresi sırasında çalışma anında ana konudur. Niyet, çalışma anında, ruhsal gelişim için tek

Michael Laitman

Niyetler

araçtır. Baal HaSulam aynı zamanda şunu söyler: çalışma anındaki çabaların niteliği ruhsal yükseliş için tek araçtır.

Doğru niyeti başarmak için neye ihtiyacımız var? Grubun mu yoksa kişisel bir niyetin mi olması gerekir? Özellikle, neden çalışma sırasında olmalıdır? Neyi çalışmalıyız, hangi kaynaklar vb.? Çalışma saatleri ne olmalıdır? Hangi grup olmalıdır, hangi öğretmen?

Eninde sonunda, her şey tek bir konu etrafında olmalıdır: Kalbim neyi istiyor? Eğer bu niyeti istemezse, bu demektir ki niyetin içimde var olması için yalvarmalıyım. Bu, dua öncesi yakarıştır. Gün sırasındaki niyet bu demektir ki, kişi çalışmaya "iyileşmek için tedaviye gidiyormuş" gibi gelir. Sonrasında kişi gerçekten "haykırmalı" ve doğru niyeti elde etmelidir ve bu şekilde iyileştirici, ıslah eden ışığı kendine doğru çeker. Kişi, arkadaşları ile dostluk bağı kurmalı ve bu bağa göre Yaratılışın amacı hakkında düşünmelidir... Yani yaratılışın amacına gelmek için çalışmalıyız. Fakat kişiyi düzeltmek için niyet özellikle çalışma sırasında var olmalıdır.

... En önemli olan Or Makif'i (Saran Işık) çekmektir. Son noktadan başlarız ve kendini bizim gerçeğimize nasıl açtığını görürüz. Sonrasında buna göre, gerçeğin ne olması gerektiği netleşir. İşte burada, çalışma, grubun oluşumu ve Işığın dolaşımı resmin içine dâhil olmaya başlar. Tüm bunlar özellikle niyetten meydana gelirler.

Niyet her şeyi inşa eder. Genel niyet, tüm engeller ile dünyamızı şu anki mevcut durumunda şekillenmeye zorlar, bu yüzden kişi niyetini her şeyin üzerine kurmalıdır.

Niyetler

Michael Laitman

Yaratılan dünyamızda var olan her şey içsel özelliklerimizi yansıtır, etrafımızdaki her şey ne için var ki? Etrafımızdaki her şey her an doğru niyeti yaratmak için en iyi koşullardır. Bunu avantajımıza kullanabilir ya da fırsatı kaçırabiliriz. Her an, eğer doğru niyeti dikkate alırsak dünya bizi dışarıdan ve içeriden etkilemeye her zaman hazır durumdadır ve fırsatları kullanırsak daha hızlı gelişiriz. Her saniye, kişiye yukarıdan bir fırsat verilir. Bu fırsat doğru niyeti yaratmak için bir şanstır.

(Bahar Kongresi için hazırlık konuşmasından, Şubat 17, 2005)

12) İhsan etmenin gücünü yükselttiğimiz zaman bizi bu nitelik yönetebilir (aynı zamanda yaptıklarımızı ve niyetlerimizi de), ihsan etmenin gücü içimizde çalışmaya başlar ve "niyet" isimli üçüncü bir gücü inşa eder. Özgecilik, Yaradan'ın niteliğidir, içimizde mevcuttur, ancak, biz bunu bir nitelik olarak hissetmeyiz. Alıcı, Verici'yi geri çevirir. Alıcı ve Verici doğal olarak birbirlerine zıttırlar. Eğer daha üst bir edinim talep edersek, çünkü Verici'nin bizi kaplamasını ve bizim niteliğimiz olmasını isteriz, o zaman böyle bir talep sonucu, niyeti elde ederiz. Verici, niyeti taşır. Niyetin içimizde belirmesinden sonra, kap haline gelir. Mutlak, sınırsız ve sonsuz sükûndaki Üst Işık hissedilir, bundan daha başka bir şeye ihtiyacımız yoktur.

Sadece tek bir şeye ihtiyacımız var: Niyeti elde etmek. Bunun dışındaki her şey, tüm hesaplamalar ve sonrasında niyet ile uyumlu bir şekilde yapılan çalışma, hiç problem olarak görünmez. Herhangi özel analiz ve yaratıcılık içermez. Çalışma doğal olarak yerine getirilir. Sadece niyet için olan talebimiz, doğamızın üzerinde durur. (Ders; Ocak 3, 2005)

Michael Laitman

Niyetler

13) Çalışmamızın ana faktörü niyettir. Dünyamızda niyet dışında başka hiçbir şey yer almaz.

Biz niyeti elde edene kadar, doğru niyeti elde etmeye doğru atılan adımlar "eylem" olarak adlandırılırlar. Kişi basitçe özel bir nedeni olmadan yerse, içerse ve hareket ederse, o doğanın cansız ya da hayvansal durumundadır. Buna karşın, eylem ve niyet doğanın konuşan seviyesine aittir ki eylem doğru niyeti yaratmak anlamındadır.

Gerçek şudur ki eylemler yukarıdan gelir. Işık Kli'yi (Kab'ı / Arzuyu) inşa eder ve onu kalıba döker. Arzu, ışık tarafından yaratılır ve her zaman yalnız onun tarafından dönüştürülecektir. Ancak, adam, kendisi tarafından uygulanmaya ve kullanılmaya hazır özel eylemler yeteneğine sahiptir. Özellikle, ışığa olan arzu bizim dünya seviyemize indiğinden ve orada gizlenme koşulunda var olduğundan, biz, belirli eylemlerin yardımıyla, niyeti şekillendiren özel ışığı üzerimize çekebiliriz. Bu şekilde yaparak Lo Lişma'dan ("kişinin kendi iyiliği için") Lişma'ya (Yaradan'ın iyiliği içine) ulaşırız.

Tüm çalışmamız, hayatımız ve dikkatimizin odağı sadece niyeti edinmeye doğru yönlendirilmelidir. Bunun dışındaki her şeyde bizler ipin ucundaki kuklalarızdır. Başka hiçbir şeyi etkileyemeyiz. Üst Işığı bize çeken eylemler, bu niyeti inşa etmiş olduğumuz eylemlerin yardımıyladır.

"Niyeti inşa etmek" ne demektir? Niyeti şekillendirmek nasıl mümkün olabilir? Çok basittir: Eğer ev sahibini sadece küçük bir miktar açığa vurursak, niyet içimizde şekillenir. Bu yeterlidir. Yaradan kendini biraz ifşa eder ve biz kim ve

13

ne olduğumuzu hissetmeye başlarız. Sonrasında, Yaradan'a yanıt, karşılıklı bir ilişki geliştiririz.

Ancak, Yaradan kendisini nasıl ifşa edebilir? Eğer bunu yaparsa, niyeti kurmaya zorlanmış olacağız ve kendi özgür irademizi uygulamamış olacağız. Tek özgür seçim, niyetin seçimidir. Bunun dışındaki her şeyde, doğanın cansız, bitkisel ve hayvansal seviyelerinde kalmış oluruz. Bu yüzden, özellikle gizlenme koşulunda, belli bir miktar çabayı sarf etmek gereklidir. Yaradan'a "saygıyla" davranmak isteriz, O'ndan aldığımızın bağlantısıyla değil. Hepsi budur. Kendimizi zenginlikten ayırdığımız ve sadece bize zenginliği verene karşı, doğru tutumu kurmak istediğimiz zaman, bize hiçbir şey vermemiş olsa dahi bu Bina (Anlayış), Hasadim'in (Merhamet) düzeltmesi olarak adlandırılır.

Bunun için, bir arzu geliştirmeye yeterli çaba göstererek, eğer gerçekten çok istediysek (içimizde ifşa olan arzunun seviyesi, gizlenmenin derecesine bağlıdır), bunun gerçekleşmesi için hazır oluşumuzu ifade etmiş oluruz.

14) Kabala İlmi'nde düşünce, niyettir. Normal hayatta, düşünce, almak için alma arzusu tarafından yapılan görüşlere aittir. Düşünce, arzunuz ile yapmak istediğinizdir. Hangisi olduğu önemli değil, egoistik ya da özgecil plana göre arzunun harekete geçmesi, düşünce olarak adlandırılır. Kendi kaynağı hakkında aydınlatan düşünce, yani yönü kime ya kendine ya da Yaradan'a dönük, bu niyet olarak adlandırılır. Bizim çalıştığımız niyet, dünyamızın tüm diğer niyetleri gibi olamaz. Niyet, manevi çalışmada analiz edilen bir düşüncedir.

Michael Laitman

Niyetler

Umarım, Sitrin'deki bahar kongresinden önce ve sırasında bu bize netleşecektir, bu sayede nihayet hayatımızın tüm nitelikleri ve niyeti arasında fark görmeye başlayacağız.

En zor kısmı niyeti korumaktır. Bu en çok çabayı isteyendir. Gizlidir ve hissedilmez, kendini hiçbir şekilde ifade etmez ve ona tutunmak için büyük çabalar ister. Her zaman orada hâlâ var olduğunu anlamak ve kontrol etmek gereklidir. Kötülüğün tanınması, niyetimize odaklanmaya bağlıdır, "kötülükten uzak durun ve iyilik yapın"da ifade edildiği gibi (Psalms, 34:15) – her şey niyetle bağlantılıdır.

Sürekli olarak niyetin önemini tüm diğer eylemlerimizin ve içsel süreçlerimizin üzerinde uyandırmalıyız. Niyetle birlikte tanımlamalı ve bağlamalıyız, eylem, madde ya da başka bir şeyle değil. Bu, kişinin manevi çalışmasında ve yolunda olduğunu gösterir.

Bunlar gizlenmiş konular olduğundan dolayı, fıkralar anlatabilir ya da her tür tuhaf eylemler gerçekleştirebilirsiniz ve kimse gerçekten sizde neler olduğunu asla bilmeyecektir. Bilakis, bu muhteşem bir çaredir: Dışsal eylem ve konuşmadan ne kadar uzak olursanız, o kadar daha iyi niyeti koruyabileceksiniz, ona daha fazla odaklanabileceksiniz ve böylece yüksek gerilim ile şarj olabileceksiniz. Muhteşem bir çare, nefsini korumak için bir metot. Fakat bu zor bir çalışmadır.

(Ders Şubat 25, 2005, Merdiven'in Basamakları, 1.Bölüm, Makale 503)

Michael Laitman

Çalışma Sırasında Niyet

15) Sonunda, ders için hazırlık şu şekilde olmalıdır: Rehberinizden dinlemeye gelmiş olsanız da, bir seçeneğiniz yoktur; Daha üst seviyede bir kişiden dinlemeye gelirsiniz. Kitap sayesinde, grup sayesinde, eğitmenin yol göstermesi ve asistanlığı sayesinde burada Yaradan ile karşılaşırsınız.

Kendinizi olayların durumunun korkutucu ve zor olduğunu, dünya çökmek üzereymiş gibi görmeye şartlandırmalısınız. Her sabah hazır bir kafa yapısı ile çalışmaya gelmek zordur. Fakat biz daha fazla denedikçe, buna bağlı olarak, Üst Işık yukardan hareket eder ve bizi değiştirir.

(Yeni Ay Yemeği, Aralık 12, 2004)

16) Derse sanki bir ölüm – kalım meselesi gibi gelmeliyim, sanki diyalize ihtiyacı olan bir böbrek hastası gibi; şeker hastası gibi, insülin iğnesi olmadan şuurunu kaybediyor; sanki birisi oksijen eksikliğinden acı çekiyor... Kısaca, vücudunuzun mevcudiyeti için herhangi bir ihtiyacınızı gözünüzde canlandırın.

İşte bu, sabah dersine gelmeden önce içsel hissimin olması gerektiği durumdur. Sonrasında, nasıl çalıştığımın, ne zaman çalıştığımın önemi yoktur. Dersi duymayabilirim bile, çok zorca dinleyebilirim, çünkü devamlı olarak tek bir soru ile meşgul olmuş durumdayım: Dersten fayda sağlıyor muyum, bastırılmış ihtiyacımı dolduruyor ya da doldurmuyor muyum ve ona şükür ederek daha iyi oluyor muyum? Bu, dersin faydalılığının maksimum olduğu zamandır.

Bu arzu üzerinde sadece endirekt olarak çalışabiliriz, çünkü arzularımızı değiştiremeyiz, adam kendi kalbinin sahibi değildir. Baal HaSulam'ın yazdığı gibi, özgür seçimimizin farkına sadece çevre sayesinde varabiliriz. Çevre, kitaplar ve gruptur. Sadece grubun ve kitapların yardımı ile kalbime rehberlik edilebilir ve bu şekilde ihtiyaç hissetmeyi başarabilirim.

Bunu şu takip eder: üç saatlik sabah dersinden başka 21 saat süresince, "Ölümcül derecede hasta olduğumun farkında mıyım?" sorusuyla ilgili olmalıyım. Bir başka deyişle, sondan başlarım: Sabah dersi sırasında bu tarz bir talebim olmazsa, o zaman bu maneviyat çalışmak sayılmaz, bilgi edinmek için çalışmak sayılır. Şöyle yazar: "Kötü eğiliminizi Ben yarattım ve şifası Işığım." İşte bu yüzden tüm çalışmamız sadece sabah dersine gelme ihtiyacı üzerine odaklanmalıdır. Bunun dışında hiçbir şey bana bağlı değildir.

Kişi buraya, mutlak güvenle gelen hasta bir kişinin, son bir umut kararlılığı ile gelmelidir. Kendisine günlerinin sayılı olduğu söylenmiştir ve bugün radyoda duymuştur ki, burada hastalığına bir çare var. Düşünebiliyor musunuz? Bu şekilde, düzenimizde yer alan konularla ilgilenmeliyiz. Bundan başka hiçbir şey önemli değildir.

Rabaş her zaman şunu söylerdi: "İlacın kendisini satın almamdan önce, ilaç için ihtiyaç satın alabileceğim şu eczane nerede?" Eczanede size ihtiyaç satmazlar, sadece ilaç satarlar. Evet, düzelten ışığın kaynağına sahibiz, ancak üzerimizdeki etkisi arzumuza göredir. Sadece kitabın önünde oturamam! Tabii ki, düzeltilmedim. Ben, kötü eğilimle "yabani bir ahmak" olarak doğdum, vb. Fakat içimde herhangi bir kötü eğilim yok, eğer olduğumun farkına varmazsam ben "yabani bir ahmak" değilim. Hastalığımın

ne olduğunu belirleyemezsem, tanı nedir? Tanı tam olarak bu ilaçla tedavi edilen ile uyuşmalıdır, yani çalışma ve bundan gelen Işık.

İşte bu yüzden tüm çalışmamız sadece düzeltilme (ıslah olmak) için ihtiyacı hazırlamaktır. Şu şekilde deriz: Işık mükemmeldir, ebedi istirahattedir ve Kelim ("Kaplar" Kli kelimesinin çoğulu) değişime olan arzularında Işığın etkisini üzerine çağırır. İşte bu kadardır.

Bu yüzden, üç saatlik sabah dersi dışında kalan bu yirmi bir saat boyunca ne yapmalıyız? Bu süre zarfında, iki zıt faktör üzerinde çalışmalıyız. İlk önce, Yaradan'ın büyüklüğü, amacın büyüklüğü, düzelten Işığın etkinliği üzerine odaklanırız. Maneviyat, tüm görünmelerinde, gözlerime harika görünmek zorunda, sadece soyut anlamda harika değil, fakat bana doğru yönlendikçe, daha çok harika görünmeli. Benim için bir çare olduğuna emin olmalıyım. Ve ikinci olarak, diğer taraftan, kendi durumum ile çalışırım: Ne kadar ölümcül derecede hastayım, egom yüzünden nasıl acı çekerim, vb.

Bu konuları kendi kendimize söyleyemeyiz ve onlardan ilham alamayız. Ya kitaplardan ilham alırız ya da açık farkla en güçlü faktör olan gruptan. Hem kitaplar, hem grup, gerçekte, Yaradan'ın Islah eden Işığı'nı uyandırmak için kişinin kendi arzusunu etkileyebileceği yegâne araçlardır. Başka bir deyişle, bu kişinin gelişimini, "zamanında" durumundan "hızlandırılmış" duruma getirebileceği tek yoldur. Bu, kişinin yapabileceği tek seçimdir.

Michael Laitman  Niyetler

Bu yüzden, kişi günlük bir program ile gelmelidir: Biraz dinle, biraz oku, arkadaşlar ile zaman geçir. Çalışmanın üç saati dışındaki tüm zaman sırasında, kişi kendisini, kendi kendine hazırlama sistemi içinde bulmalıdır. Bu sadece boş bir zaman değildir! Sadece çalışma zamanı sırasında birlikte olamazsınız. Kendinizi derse hazırladığınızdan, emin olmalısınız. Bir araya gelmeleriniz, ortak yemekleriniz bu yüzdendir; bu nedenle iletişime geçmeli, birlikte bir şeyler yapmalısınız. Ne olduğu önemli değildir. Herkes kendi önerisini, onun görüşüne göre, üstündeki en iyi etkiyi, ortak Kli'ye (arzuya), gruba, getirmelidir. İşte bu şekilde bir yol bulacağız. Bulamazsak dahi, önemli değil. En önemli tek bir nokta ile meşgul olacağız: "Yaradan'a olan ihtiyacı arayışta." Ve sonuç şudur ki, aniden bu arzuyu hissedeceğiz, şükür ki ne olduğunu bilmiyoruz: Bunu kesinlikle herhangi bir yer ve zamanda hissedebiliriz. Işık Kelim'i etkiler ve onları "silkeler". Aynı sırada, bunda odaklanmamız gereken şudur: Gün sırasında hangi eylemlerin bizim için en çok etkili olabileceklerini belirlemeliyiz ki, derse o telaş içinde gelelim; sabırsızca tedavi için bekleyen birisi gibi.

En önemli şey uyumadan önceki zamandır. Yarım saat ya da on beş dakika, ne kadar uzun olduğu önemli değil, en azından beş dakika için, yataktan önce, uyumaya gitmeden önce, ne kadar olması gerektiğini size söyleyemem. Bazen iki cümle ya da iki kelime yeterlidir. Bu kişinin ne ile uyuyakaldığıdır ve tüm gece boyunca içine işler ve sabahleyin onlar ile uyanır. Bazen kişi 20 dakika okur ya da müzik dinler. Ne olduğu tam önemli değildir, ancak, uyumadan önce, kişi sabah uyandığında ona ilham verecek bir şey bulmalıdır. Bunsuz, gecenin karanlığına doğru gitmeye kişinin kuvveti yoktur. Ancak uyumadan önce bir kaç şey okursa kalktıktan sonra uyanışa devam etmeye hazır olabilir.

19

Niyetler

Michael Laitman

Başka bir deyişle, kişinin sabah dersi için boş bir kafa ve boş bir kalp ile kalkması bizler için yasaktır ("yasak" demek kişinin bununla hem fikir olmaması anlamındadır). Eğer boşluğu hissederse, bu, sadece uykudan önce hazır olmadığı anlamındadır, kesinlikle bu yüzdendir; başka bir sebep yoktur.

Kişi gece haberlerini izleyebilir. Rabaş, bu arada, Şamati'yi okuduktan sonra, o da haberleri dinlerdi ve sonrasında uykuya dalardı. Fakat çoğu kez, Şamati'nin not defterini açmadan, uyuyakaldığı olmazdı (ve trenlerde, hastanelerde yan yana uyuyakalırdık). Gün sırasında, her zaman, yanında Baal HaSulam'ın yazdığı mektupları taşırdı (Ben de onları her zaman arabamda bulundururum). Bu kaynaklardan açar ve kısa bir şey okurdu. Düşüncesini sürdürmek ve bir süre çalışmak için bu ona yeterdi. Onun düşüncesi ve çalışması bizimkinden farklıydı.

İşte: Bence, bizim dünyamızda, kişinin her saat için bir dakika boyunca kitaba bakamayacağı öyle bir iş yoktur. Kişi, programlama ya da bilgisayar ile çalışan, aklını sürekli işine adamak zorunda ise bile ve sürekli içsel düşünceye bağlı kalamasa da, önemli değildir. Eğer bu, kişinin gün içinde iş koşulu ise yapacak bir şey yoktur ve bu, o kişinin koşullarıdır. Bir dakika yeterlidir, gerisi ona bağlı değildir. Kişi bilir, örnek olarak, saatte bir kez kaynak ile "bağlantı"yı kendi için düzenlemelidir.

Gün ortası makale ve iletişim: Ders için hazırlık, telefondaki iletişiminizi, makaleyi dinlediğiniz zamanı, geceleyin çalışmalarınızı tanımlamalıdır. Her şey, tek bir hedeften çıkmalıdır: Büyük bir arzu ile derse gelmek. Onun hakkında yüksek sesle konuşmaya gerek yoktur. Bu hedef için

Michael Laitman

Niyetler

bir şekilde bizimle var olması yeterlidir. Sizin için en önemli olan bundan bir izlenim almanızdır. Biliyoruz ki, bir dersi 10 saat boyunca dinlemeniz ve onu duymamamız mümkündür; bir kulağımızdan girecek ve diğerinden kaydetmeden çıkacaktır. Ya da, yirmi dakika veya bir saat için dinlemek mümkündür ki, aniden bir kelime bizi heyecanlandırır ve bizi etkiler. Bu yüzden araştırmak gereklidir... "Çalıştım ve buldum". Büyük sonuçlar ile gelmek zorunda değilsiniz. "Çaba" kişiye emanet edilmiştir, fakat "sonuç" Yaradan'a. Hepsi budur.

Gün içinde bir şekilde toplanmanız ve beraber bir şeyler okumanız gereklidir. Ancak, herkesin kendini toplantıya özel bir şekilde hazırlaması gereklidir, tıpkı derse hazırlanır gibi. Kendine toplantı sırasında bütün Kli'den bir etki alacağını söyler ki, aynı zamanda, Kli'deki herkes etki almayı ve bu iki çeşit Reşimot'u (İzlenimler) uyandırmayı arzular: Reşimot De-Aviut ve Reşimot De-Hitlabşut. Bu sizin grup eyleminizdir ki, kendinizi, gelmekte olan derse hazırlamak için şimdi bunu gerçekleştirirsiniz.

Toplantı beş dakika sürebilir; bundan daha fazlasına ihtiyacınız yok. Ancak, bu beş dakika boyunca özel bir durumda olmalısınız. Bundan öncesinde, bir kaç dakika bunun için düşünmeli ve bunun özel bir zaman olduğunun farkında olmalısınız. Özünde, bu beş dakika haricinde, grupla bağlantı halindeyken gün içinde bunun için daha fazla zamanınız yok. Kesinlikle bunu yapmanız gereklidir. Gün içerisinde ya da belki de geceleyin, uyumadan önce, çünkü günlük grup çalışması için başka bir fırsat yok. Bunun dışındaki her şey sizin ne kadar boş zamanınız olduğu ile ilgilidir. Buraya gelirsiniz, biraz iş yaparsınız, geceleyin bazı dağıtım projeleri ile ilgilenirsiniz, ya da başka bir şey

Niyetler  Michael Laitman

yaparsınız. Eninde sonunda bu Reşimo, bizi Kaynağa geri getiren, Yaradan'ın büyüklüğü için, kötülüğün ve Işığın idrak edilmesi için arzuyu yaratmalıdır. Grup sorumluluğunuzun neyi gerektirdiği önemli değildir. Bu zinciri, son noktasına açabilecek durumdaysanız, bu başardığınız anlamına gelir.

(Ders Kasım 18, 2004)

17) Ders sırasında, Yaradan'a ulaşmanın, ihsan etme özelliğinin eksikliğini hissetmeliyiz. Bir taraftan ihtiyaç olmalıdır diğer taraftan neşeyle hareket etmezsek Işık ile herhangi bir bağımız olmadığı anlamına gelir – denklik şekli yoktur. Diğer bir deyişle, gereksinim ve neşe el ele gitmelidirler. Üzüntülü olmamalıyız. Ölümcül hasta bir kişi hakkında konuştuğumuz zaman, büyük olasılıkla, bu kişinin bulmuş olduğu çözüm için sevinç göstermesinin üzerinde yeteri kadar durmam. Bu, eşsiz bir sevinçtir. Bu, yerine getirilmesi gereken bir ihtiyaç ve açığa vurmadır: Gereksinim sağlıklı olmak içindir ve sağlık yerine getirilmiş olandır. Bu yüzden, neşe içinde olmalıyız.

Her şey manevi ilhamdan gelmelidir: Bak ne varlıklara sahibiz! Yaradana ulaşmak için bir araç; hiç kimsenin böyle bir şeyi yok. En azından bu konular konusunda küçük bir gereksinim göstermeliyiz ve bu araçlar bizleri uçan halı gibi uçuracaktır. Ancak, buna adım atmadan önce, size şu sorulur: Bunu istiyor musun, istemiyor musun? Eğer kesinlikle istiyorsan içeri gel ve sonra uçuşa geçeceğiz.

Gereksinim dışında başka hiçbir şeyin eksikliğini hissetmeyiz. Tam önümde Kralın ziyafeti var, fakat benim iştahım yok. İşte bu bizim hissetmememiz gereken bir durum, iştah olmazsa eylemim mükemmellik içinde yaratılmaz ve Yaradan'a, Işığa bağlanmaz. Bizi doğru

Michael Laitman  Niyetler

gereksinime getirebilecek, araçlara, hedefe ve gruba değer vermeliyiz. Bütün yolumuz, eksikliği hissetmemiz, içinden geçtiğimiz her şey yükselmiş maneviyat, neşe, şarkılar ve danslar ile ilerler. Tıpkı bir müzikal gibidir. Sonrasında ortaya çıkardığımız gereksinim neşe içinden gelir ki, kullanabileceğiniz bir ilaç vardır.

Amacın, Yaradan'ın, Işığın önemine ihtiyacımız var ve elimizdeki tüm araçları kullanarak ancak sonuç alabilir ve içimizdeki maneviyata yönelik arzunun örtüsünü aralayabiliriz. Talep mükemmellik hissinden çıkmalıdır. Unutmayın, bu çok önemlidir. Aksi takdirde, burada hiçbir gelişme göstermeden, umutsuzluğa batmış şekilde ve kendinizi canlıyken yiyerek yıllar boyunca oturursunuz, denildiği gibi: "Aptal olan hiçbir şey yapmadan oturur ve kendi kendini yer". Aslında bu kibirdir: "Bana bak, ne kadar çok acı çekiyorum. Kendim için ve tüm insanlık için acı çekiyorum." Bu, çalışma sırasındaki Klipa'dır (Egoist/bencil/kötü eğilim) ve bu iyi bir durum değildir. Sürekli olarak coşku dolu olmalısınız sürekli içinizde yanıp tutuşmalısınız. Gereksinim kendini açtığında buna çok daha fazla sevinirsiniz, tatlandırıcı öncesinden hazırlanmıştır.

Her şey Yaradan ile bağlı olduğumuz gerçeğinden başlamalıdır, sadece bunu idrak etmemiz gereklidir. Bu sürecin bir parçası olmak gerçekten büyük bir maceradır; böyle bir dereceye ilerleyerek, süreci, son durumu tercih etmeye başlarız. İhsan etmek, O'nu aramak ve anlamak kişi için ödül haline gelir.

İnsan'ın sevinemeyeceği bir yer yoktur. En kötü yerde dahi, eğer en küçük düşüncesinde Yaradan ile bağlantıya bir hafif ışık varsa, eğer ondan ayrılmamış ise, o zaman süreç

içerisindedir. Duamız, sadece bu farkındalığı korumaya ve bilinçsiz bir duruma düşmemeye doğru yönlendirilmelidir.

Baal HaSulam'ın yazmış olduğu gibi, evrendeki en büyük ceza, sadece bir saniye için bile olsa İnsanın Yaradan ile olan bağının kesilmesidir.

İhtiyaç sadece Yaradan'da ve metotta görmüş olduğunuz mükemmellikte ifşa olur; aksi takdirde doğru ihtiyaç olmayacaktır. Perişan olur ve hareket edemez duruma gelirsiniz.

Çalışma sağ çizgide gerçekleştirilir. İlk ve başta olan, bu hedefi ve büyüklüğünü idrak etmedeki çalışmadır. Hedef ihsan etmedir. İhsan etmenin büyüklüğü her şeyden önce gelir. Sonrasında sol çizgimi kullanmaya ve incelemeye başlarım, küçük küçük, mümkün oldukça. Diyelim ki, günde yarım saat: Onunla ilgili miyim değil miyim, gerçekten içimde eksik durumda olan ne? Sağ çizgide, ihsan etmeyi ve onun önemini benimle ilgisini kurmadan idrak etmeyi incelerim; sadece ihsan etmenin ne olduğunu incelerim. Aksine, sol çizgi her zaman sadece sağ çizgi ile ilgili olarak ifşa olmalıdır. Yoksa onu ihsan etmeye döndürmek istiyorum diyemem. Şunu anlamalısınız ki, sağ çizgiye, ihsan etmeye bağlı kalırsanız, o zaman ifşa ettiğiniz her şey Yaradan'a doğru yönlendirilir. Her şey tek bir sürece, tek bir amaca doğru akar. Eğer başlangıç noktanız mükemmellik değilse, o zaman bu, alma arzusudur. Başka şekilde olamaz.

Ders sırasında ne tür bir ihtiyaç uyandırmalıyım? İhtiyaç, yüksek derecenin "kaynağında" kalmama izin verecek şekilde olmalıdır, aynı zamanda mümkün oldukça

Michael Laitman

Niyetler

güçlü olmalıdır, bu sayede O'nun içinde var olduğumu kabul etmeyi kaybetmeden büyümeyi arzularım. Bu yüzden Baal HaSulam TES'i bu şekilde yazdı. O size bir sistemi açıklar ve siz de her zaman onun düşüncelerinde kalırsınız: "Ben bu sistemin içindeyim, şu anda benim üzerimde işliyor ve hareket ediyor. Bu sürecin aktif bir parçası olmak istiyorum; onunla birlikte hareket etmek istiyorum. Baal HaSulam'ın çıkışlar, inişler ya da bağlantılar hakkında ne dediği önemli değil, ben bunun içinde yer almak istiyorum." Daha üst dereceye girdiğiniz an bu sizin mekanizmanız haline gelir. Baal HaSulam Partsuf Aba Ve İma'nın sizin dışınızda yer aldığı ve belli bir şekilde çalıştığı hakkında bahsetmez. Hayır, siz bu mekanizmanın içinizde var olduğunu keşfedersiniz, çünkü eninde sonunda, siz bütün sonsuzluğa erişirsiniz. Bunun dışında, sadece saf Işık vardır. Bu yüzden ders sırasında Işıktaki mevcudiyetinizden, Yaradan'ın büyüklüğünden ihtiyacı ifşa etmelisiniz.

Bunun mevcut anın sonunda gerçekleşeceğinden ve kendinizden emin olmalısınız. Bir sonraki anda değil; anlar aralıklar ile ayrılırlar ve aralık uzun bir süre için sürebilir. Bu, kesinlikle mevcut anın sonunda gerçekleşecektir.

(Ders Kasım 19, 2004)

18) Niyet, eylemden önce geldiğinde, bu, gerçek eylemdir. Çalışma eylem olarak adlandırılmaz, çünkü gözleriniz ve hayvansal aklınız ile çalışırsınız, bu yüzden bu bir eylem olarak değil, hayvanın bir hareketi olarak adlandırılır. Bir kitabın önünde oturmanız ve okumanız gerçeğinde, manevi eylem nerede vardır? Manevi hareket nerededir?

Niyetler

Michael Laitman

Çalışmamın sonucu olarak istediğim sonuç, eylemim olarak adlandırılır. Bu aktive ettiğimdir, bu hakkında şöyle ya da böyle düşündüğüm ve bu yüzden "eylem" olarak adlandırılandır. Niyet hakkında şu söylenir: "Gizlenmiş (niyetler) Yaradan'adır". Şu anlamdadır ki, O, onlara armağan olarak verir, eylemdeki çabanın ödülü olarak.

Buradan eylemin sadece çalışma olmadığını anlarız. Çalışmaya dönüşte yukarıdan niyet almayız, ancak "eylem" doğru niyeti edinmek için arzudur.

Baal HaSulam bundan TES'e (On Sefirotun Çalışması) girişte bahseder (18.madde): "çabada hem nitelik hem de nicelik vardır," der ve ikisine de ihtiyaç vardır. Ancak, o burada, niyeti talep ettiğim çalışmamın saatlerce çaba ve zorlanma derecesini tartışıyor. Genel olarak bu, gücü, şiddeti veren zamandır, talep ile ödül için çırpınır, demektir ki, almak için özlemimin derecesidir.

Eğer iki saat boyunca çalışırsam ve bu iki saat boyunca ihsan etmek için niyeti almaya yüzde yüz arzum varsa ve düzeltici Işık gelecek ve düzeltecek; sonrasında yüzde yüz çaba harcadığım kabul edilir. Fakat iki saat çalışmışsam ve bunun dışında niyet hakkında sadece iki dakika düşünmüşsem o zaman bir saat elli sekiz dakika nicelik ve iki dakika da nitelik göstermişimdir. Kişi sonuçta nitelikli çabaya ulaşmak istediğinden dolayı, çabanın niceliği de önemlidir fakat kişi bunu unutur. Bu unutkanlık kişiyi acı çekmeye getirir ve bir talebe, kendi için duaya yönelmeli ki, çabası kaliteli olsun. Bu, kişi kaliteli çabaya erişinceye kadar meydana gelir. Ancak kaliteli çaba olmadan kişi yukarıdan ona ihsan etmenin niyetini verecek olan, Saran Işığın eylemini almaz. Arzunun üzerinde ifşa olan, ihsan

Michael Laitman  Niyetler

etmenin niyetini yerleştirmeliyiz ve bu, sınırı aşmak olarak adlandırılır.

(Şubat Dersi 25, 2005, Merdivenin Basamakları, 2. Bölüm, Makale 586, "Saflaştırılmak için Gelen")

19) Sabah dersi için hazırlanmak şu şekildedir: Geceleyin dersten önce, kişi zaten dersin ona yardım edeceğinden nasıl emin olması gerektiğini düşünüyordur. Düşüyordur ki, ders sırasında, öyle bir şekilde talep edecektir ki, Yaradan onu yanıtlayacaktır. Tüm hazırlık başarı için olan anahtardır ve bunun ötesinde başka bir şey yoktur.

Dersin başlangıcında, ortam her bireyin gerginliğinde, her bireyin, talep eden ve içinde derinliklerde bu hazırlığı geçirmekle birlikte geldiği içsel gerilimde yoğunlaştırılmalıdır. Bu yüzden, şunu takip eder: her şey önceden hazırlanmalıdır; masa kurulmalıdır, kitaplar ortaya konmalıdır. Kimseye tek kelime söylemeyin, arkadaşınızı rahatsız etmeyin, içsel odağınızı koruyarak sessizce girin, oturun, daha fazla yoğunlaşın ve derse başlayın. Bu, niyet olarak adlandırılır. Gerisi içinde yer alır, ancak bu, başlangıçtır.

(Günlük Makale, Ekim 11, 2004)

20) Çalışma bizlere önerilen bağlanma noktasına benzer.

Geçmişte, her yerde telefon yokken, başka bir ülkeye evden telefonla bağlanmak mümkün değildi. Bu yüzden, postaneye gider ve uluslararası telefon çağrısı sırasına girerdim. Ben sıraya girdikten sonra, "Hat alındı, lütfen konuşmak için kulübeye gelin" şeklinde anons yapılırdı.

Niyetler   Michael Laitman

Sonra ben kulübeye girer, telefonu kaldırır ve görüşmeye başlardım.

Bu bizim çalışma sırasında deneyimlediğimize çok benzer. Şu anda bir çağrı sırasına giriyorsunuz ve birisi şunu anons ediyor: "Konuş! Düşündüğünü, istediğini ve talep ettiğini ifade edebilmen için sadece birkaç dakikan var." Gerçekte bu, çalışmanın olduğu zamandır; özellikle onunla bu şekilde ilgilenmelisiniz. Başka bir deyişle, kişi, çalışmalarından ve bu konuyu bir lokomotif gibi çalışması sayesinde, ne istediğini sessizce kendi kendine söylemelidir. Bu çalışma kelimelerdir ve kişi niyetini ve düşüncesini kelimelerin içine koymalıdır. Kabalistler dış kelimelerini basit ve önemsiz yapmalıdırlar, fakat içlerinde büyük bir kuvvet ve hedef için güçlü bir özlem saklarlar.

Kişinin tüm eylemi buna odaklanmıştır. Ne de olsa eylem, çalışma sırasında, niyet içinde oluşur. Gerçeği etkileyen, düşüncemiz ve niyetimizdir. İlave olarak, bu sadece ders zamanında olur. Çalışma süreci ile karşılaştırıldığında, eylemimize ait tüm diğer dönemler tamamen ikincildirler ve çok az miktarda yardımcı olurlar. Sadece çalışma sırasında, bir etkimiz olması için ve sizin için en önemli olanı saydığınızı talep etmek için, memnuniyetimizi yukarıya gönderme fırsatını elde ederiz. Eğer düşünceler ve arzular birleşirse, eğer gruptan gelirlerse, toplanmadan ve birleşmeden; o zaman karşılık gelen derecenin üzerine etkileri vardır.

Birleşme ya da topluluk, bireysellikten daha büyüktür, on kuruşun bir kuruştan on kat daha büyük olması gibi. İlave olarak insanlar bağlanmayı arzuladıklarından dolayı, bu yüzden Yaradan ile birleşmek amacıyla kendilerini reddetmeyi istiyorlar. Bu, gerçekte tamamen farklı bir

Michael Laitman  Niyetler

eylemdir. Kendinizi gruba bağlamak zaten Işığı almak için bir kaptır. Diğer yandan, bireysel kişi, Kli değildir.

Yaradan arada, iki kırık parçanın bağlanma noktalarında yer almaktadır. Bu, şu söylenene denktir: "Şehina (Tanrısallık) kadın ve erkek arasındadır". Bu yüzden, ders sırasındaki dua ya da yakarış tüm grubu kuşatır, sonra eylem gerçekten hedefe doğru yönlendirilmiştir. Bir yandan da tek kişinin duasının nerdeyse hiç etkisi yoktur.

Eğer kişi çalışmaları amaç ile birleştiremeyecek durumda ise, o zaman basitçe her düşüncesini, kendi kendine cümlenin yarısını amaç için ve yarısını çalışılan materyal hakkında diyerek iki yarım parçaya bölmek zorundadır, ta ki onun için tek bir bütün olarak bunlar birleşene kadar. Bunu gerçekleştirerek bir şeyi diğerinin içine "paket"leyebilecek. Bu, dalgaların modülasyonla kaplanması ile aynı şekilde gerçekleşir; arzularımızı dersin arka planında yukarıya göndeririz.

Bir keresinde Rabaş'a sordum: "Sadece tek bir şeyi düşünebiliyorsam ne yapmalıyım?" "Amacı düşün," şeklinde yanıtladı. Bu, dersin sözcüklerini duyamıyor olsanız dahi kabuldür. Eğer O'na dönmek için bir fırsat varsa, o zaman bunu yapabilme kapasitesine sahipsiniz. Bir miktar yüzdeyi çalışmaya verin ve diğer yüzde doksan beş dua olsun. Dua bizim eksik olduğumuz nokta.

Tam şimdi grubumuza ve tüm dünya etrafındaki gruplara bakıyorum. İnsanları derste ne tutuyor? Okyanus aşırı gruplardan insanlar görüyoruz. Onları burada ne tutuyor? Istırap!

Niyetler

Michael Laitman

İnsanları derse getiren şey ıstıraplarıdır ve nefeslerini bize bakarken tutuyorlar: Ya aniden oradan bir şey gelirse? Acı çekme onları orada tutuyor ve onları eve gitmeden koruyor; sadece acı çekme her şeyi uyandırıyor. Ve şüphe yok ki, böyle bir düzenden, hiçbir şey gelmeyecektir. Üst güç ile bağlantı, ıstırap yoluyla yani kendimi kötü hissettiğim zaman ortaya çıkamaz.

Sadece iyiliğin yolu ile mümkündür bu; iyiliği talep ettiğim zaman, onu bekle, onu özle ve kendini, ayakta dururken, darbelerin altında değil ama onun yerine iyi bir şeyin eşiğindeymiş gibi hisset.

Kişi Yaradan'ın büyüklüğünü kendi gözleri içinde ve ona yükselmenin fırsatını verecek olan Işığın gelişini beklemelidir. Bu, kişinin egoistik algılaması ile ilgili olarak yükseleceği anlamına gelmez, tıpkı bir şey aldığı için kendini iyi hissettiğinde olduğu gibi. Aksine, bizim dünyamızın üzerinde yer alan bir şey olarak ihsan etmenin değerinin bilinmesinden ve buna denk olmak için bu değeri kabullenmesinden olacaktır. Tüm dünyadaki yüzlerce insanın yaptığı gibi oturup beklemek, "Işığın yolu" denilen yol değildir. Bu, ıstırabın yoludur.

Özellikle bizden çok var olduğu ve bizler birlikte olduğumuz için, bu yüzden maneviyatın yüceliğini birbirimize vermek zorundayız. Ben sizin önünüzde etrafta dans edemem; siz kendiniz birbirinize saygı göstererek bunu yapmalısınız. Aksi takdirde, ne olacaktır tek kişilik şov? Grupların ve dostların birbirlerini etkilemesi gereklidir.

Michael Laitman

Bnei Baruch Eğitim ve Araştırma En

Niyetler

Diğer ülkelerdeki gruplar: Şu anda ekrana bakıyorsunuz ve Bney Baruh'u görüyorsunuz. Bu konuda ne düşünüyorsunuz? Görüyorum ki, insanlar çalışmış olduğumuz materyalleri zar zor anlıyorlar. Bu tamamen normaldir; bilgi sahibi olmak zorunda değiliz. Ancak, çalışma sırasında niyet gereklidir. Grubun merkezinden – Bney Baruh, ya da yukarıdan bir şeyin gelmesi için beklememelisiniz; aksine niyetiniz ile bir destek mekanizması yaratmalısınız. Dersten ne istiyorum? Ne tür bir birleşme? Ne tür Yaradan'ın Yaratılanlarına ifşası ile dolu olan bir Kli? Bu "Kabala Bilimi" olarak adlandırılandır; bu Kabala çalışmanın ne anlama geldiğinin ifadesidir. Yaradan'ın kaplarda ya da ruhlarda ifşa olduğu şekilde çalışıyoruz. Kabala Bilimi Yaratılışta, Yaradan'ın Yaratılanlara ifşasının çalışılmasıdır.

Kişinin materyali aklıyla idrak etmeye ve hisleri ile çabalamaya çalışması ve buna olan kapasitesi önemli değildir, her halükârda, kişinin basitçe oturup beklemesi yerine niyetle çalışması gereklidir: Belki başka bir bilgi ya da his aniden oradan gelecektir.

Ders sırasında niyetin ve talebin ne olduğunu daha fazla, daha fazla düşünmeliyiz. Sadece bu yönden başarısız oluyoruz; bu bakımdan nitelikli bir çabayı gerçekleştiremiyoruz.

TES'e Giriş (Madde 18)'de Baal HaSulam "çabanın niceliği" ve "çabanın niteliği" hakkında bahseder. "Çabanın niceliği" çalışmakla geçirdiğimiz evde, birlikte vb. müsait zamanın miktarı ile belirlenir. Ancak, "çabanın niteliği" çalışma sırasında ortaya koyduğumuz talep ile belirlenir. Gücün gelip beni düzeltmesi için, düşüncelerimi doğru

yönde odaklamak için talepte bulunurum, bu sayede başka hiçbir şeyi değil amacı arzularım.

Büyük sayıda gruplar, düzinelerce kişilerle derste oturuyorlar. Buradalar, fakat çabanın niteliği nerede? Başka bir deyişle, Yaradan'ın bu dünyadaki yaratılışlarına ifşa olmasına talep nerede? Çalışma sırasında beklemez ve talep etmezsek, Kabala çalışmıyoruzdur.

Birbirimizi ekranda gördüğümüz zaman, bu niyete odaklanmaya başlayın: Yaradan'ın bu dünyada Yarattıklarına ifşasını arzularız, bunun başka her şeyden daha önemli olmasını isteriz. Hepsi budur. Gerisi, çabanın niteliğinin daha derin anlayışı daha sonra gelecek, ancak bu ilk gelir.

Bahsetmiş olduğum bu yaklaşım, Kabala Bilimi tanımı ile tutarlıdır: Bu Yaradan'ın sevgi ve ihsan etme niteliğinin yaratılanlara ifşasının metodudur.

Niyetimizi korumak, gene de çalışma sırasında açmış olduğumuz hattın bizi manevi dünyaya bağlayan kesin "kanal" olduğunu hissetmeliyiz ve bu "kanal" aracılığı ile niyetimizle maneviyatı etkileyebiliriz. Çalışma sırasında, sadece, Yaradan'a gönderebildiğimiz kadar çok niyet göndererek gelişme sağlayabiliriz. Grubun niyetleri sağlamlaştıkça ve yayıldıkça, hedef ile daha yakından ilgili hale gelir, his ile daha fazla şarj oldukça, (içten dua) yalvarışımız daha etkili olur. Bunun dışında başka hiçbir şey bize yardımcı olmayacaktır.

TES çalışmasının dışındaki bir saatlik çalışma düzeni haricinde, gündüz ya da gece boyunca tüm aksiyonlarımız

Michael Laitman

Niyetler

sırasında ne yaptığımız önemli değildir; bütün bunların bu bir saate sadece neşe ile yaklaşmamızı sağlaması gereklidir. Sonunda çalışmayı tam olarak güç sayesinde idrak etmek için, çalışma dışında daha önce elde ettiğimiz tüm ifşalar için bir fırsata sahip olmanın neşesidir.

Kişi bunu Kral'ın huzuruna bir dakikalık kabul edilme ile karşılaştırabilir. Kişiye, Kral'a problemini aktarmak için sadece bir dakikalık süre verilir ve bu süre zarfında Kral onu dinlemeye hazırdır. Bu tarz bir durum çalışma sırasındaki hazırlık ve hissetme gibi olmalıdır. Eğer bunun üzerine birlikte çalışmazsak, düzenimizdeki tek aracın avantajını elde edemeyiz. Bunun dışındaki her şey acı çekme yoludur. Sadece bu eylem Işığın yolu olarak adlandırılır: Bizi Kaynağa geri götürecek olan Işığı üzerimize doğru çekeriz.

Diğer ülkelerdeki arkadaşlarımızdan bazıları materyalleri çalışma konusunda alışık değiller; ancak derslere düzenli olarak katılıyorlar. Övgü ve onur onlara. Bir de diğer çalışanlar var ki, bunu tutku ile yapmıyorlar. Onların düşüncelerini bizleri ekrandan gözlemlerken anlıyorum: "Belki, bir açıklama vardır?" Hatta bazıları şöyle düşünüyor: "Bu sıkıcı TES dersi ne zaman bitecek?" Her şeyi anlıyorum ve bu yüzden size şunu söylüyorum: Kişi arzuyu inşa etme üzerine çalışmalıdır. Gruptaki her bireyin niyetinin farkına varmak ve "açmak" gereklidir, her grup ve tüm gruplar birlikte. Kişi aynı zamanda arzumuzu kime doğru gönderdiğimizi hatırlamalıdır. Başka hiçbir şey hedefe ulaşmamıza yardımcı olamayacağından, bu ve başka hiçbir şey tartışmalarımızın ve haberleşmemizin konusu olmamalıdır.

Amacın önemi dışında hiçbir şey niyeti korumamıza ve onu kaybetmememize engel olamaz. Kişi hatırlatmaları

Niyetler  Michael Laitman

ellerine karalayabilir, kişi etrafını her taraftan alıntılar ve sözler ile çevreleyebilir. Bunu deneyin; bunu yapmamanız gerektiğini size söylemiyorum. Etrafımı her türden işaretler ile çevreleyebilirim, saat alarmını kurabilirim, neden olmasın. Ancak, hedef önemli değilse, niyet uzağa kayar ve ortadan yok olur. Hangi koşullar altında amaç önemli hale gelir? Kişi gruptan etkilendiği zaman, herkesin bunu yaptığını gördüğünde, o zaman bu, kişi için de önemli olur. Yaradan ile iletişime geçmek için gerçek bir fırsatla ilgilendiğimizden, sonrasında kişi aynı zamanda bunun önemli olduğunu hissetmeye başlar, bu, kendi kişisel gelişimimizi etkilemek demektir.

İşte tüm çalışmamız bununla ilgilidir. Kişi, hiçbir engel olmadan, en önemli (konu) hakkında düşünmeye başlamayı beklememelidir.

Bununla ilgili olarak her zaman engeller olacaktır, çünkü bu bizim hareket edebileceğimiz tek alan. Başka yaptığımız bir çalışma yoktur. Bu, Yaradan'a doğru fikrimizi ve aynı zamanda bize yardım etmesi için arzumuzu ifade etmemizdir.

Gün içinde, Yaradan'ın büyüklüğünü ve hedefe ulaşmanın önemini idrak ederek, kişi kendini hazırlamalı ki, kişi çalışma sırasında tüm birikmiş içsel heyecanını ifade edebilecek duruma ulaşabilsin. Baal HaSulam'ın niyet hakkında bahsettiği, TES'e giriş madde 19'u bir kez daha okuyunuz.

Şunu anlamalıyız ki, manevi dünya vardır ve biz onu sadece ders sırasındaki niyetimiz ile etkileyebiliriz. Bu

Michael Laitman  Niyetler

yüzden bizlere manevi çalışma ve bizleri kaynağa geri getirecek, içinde içermiş olduğu Işık verilmiştir. Bu olmazsa sadece ıstırabın yolu ile gelişebileceğiz. Bu yüzden ya acı çekmenin yolu ile ya da Işığın yolu ile gelişiriz. Seçim sizin. Eğer acı çekmenin yolunu seçerseniz evde kalın, o kadar. Biz burada Işığın yolunu izlemek için bir araya geliyoruz, bu demektir ki, Işığı uyandırmak için, bizi kaynağa geri getirmek için. Ve bu sadece ders sırasında mümkündür.

Bu materyal üzerinden binlerce kez geçtik. Eğer hafızanızı tazelemek isterseniz, bunu yapabiliriz. Ancak, çalışmamız sadece budur. Çalışma sırasındaki niyet, sadece budur. Umarım bu, Bahar Kongresi'nin konusu haline gelecektir. Zaten sürekli çalışma süreci içerisindeyiz.

Dünya etrafındaki gruplar Allah'a şükür kararlı durumdalar. Şimdi, onları inşa etmemiz ve birbirleriyle doğru bir şekilde birleştirmemiz gerekiyor. Görüyorum ki, ekrandaki insanlar bana, onlara bir şey söyleyeceğim beklentisi ile bakıyorlar. Ancak, söyleyecek hiçbir şeyim yok, sadece şunu söyleyebilirim: Beyler, çalışmaya başlayalım. Ve ne kadar bildiğiniz hiç önemli değil. Kişi eğer bilge ise çalışmaz.

(Konuşma Şubat 8, 2005)

21) Niyet her şeyi belirler. Niyet olmadan kitabı açmaya dahi değmez. Eğer, doğru niyeti oluşturmak adına, derse hazırlanmaya bir saat ihtiyacımız varsa, bir saat sonra gelmeniz daha iyidir, ya da zamanında gelin ve kendinizi niyet için burada hazırlayın. Bu önemli ve ciddi bir görüştür ve istisnasız sabah dersinde çalışan herkesle ilgilidir. Niyetin ders sırasında ne olması gerektiği ile ilgili analiz mecburidir ve her şeyden daha önemlidir.

Niyetler

Michael Laitman

Sadece niyetinizi kaybetmediğiniz sürece derse bağlanın. Bu, zorluğun olduğu yerdir. Niyeti korumanın zorluğunu deneyimleyerek, kendi üstünüze engelleri çağırırsınız. Sonrasında materyal ile ve onun içindeki niyet ile "oynamaya" başlarsınız. Bu, haz için arzuyu, niyetin üzerine ihsan etmek için, ne ölçüde kullanabileceğimizin gerçek analizine benzer; dersin içinde ne kadar derinlik aramalı ve nedenimize bağlanmalıyız ki, bu sayede niyetimizi Yaradan ile bağlanmaya doğru yönlendirmeyi koruyalım? Niyeti koruyarak ve aynı anda derse odaklanarak, niyeti çalışma materyaline dâhil etmiş oluruz. Gelecekte, niyeti ihsan etme uğruna haz için arzumuzun materyaline, tam olarak aynı şekilde "dâhil" edebileceğiz.

Soru: Çalışma sırasında, eğer dersin her dakikasında birbiri ile alakasız farklı düşünceler ve durumlar kafanızdan hızlıca akıyorlarsa, doğru niyet ne olmalıdır?

Ders sırasında size gönderilen farklı durumlar ve düşünceler "engeller" olarak adlandırılırlar. Onların üstesinden gelmek, bizim derse olan ilgimiz olarak tanımlanır. Sadece ihtiyacımız temelinden hareket ederiz. İhtiyacı hissedene kadar, suni olarak tek bir düşünceyi tutamayız ya da hiç kimsenin tavsiyesini takip edemeyiz. Eğer kişide ihtiyaç yoksa gruba bağlanmasından ve dostunun niyetini anlamasından başka ona söyleyeceğimiz bir şey yoktur. Ancak, eğer aramızdaki bağ, kişiye her an bir "canlılık" vermiyorsa, o zaman onun arzularını yenilemez ve doğru bir şekilde gelişemezsiniz. Sen ve aynı zamanda dostun, gruptan aldığınız ihtiyaca ve sadece ders sırasındaki niyete sahip olmalısınız. Unutmayın: Manevi çalışmadan

Michael Laitman

Bnei Baruch Eğitim ve Araştırma En

Niyetler

niyetin size izin verdiğinden daha fazlasını almaya değmez. Niyetin sizi kendinizden geçirmediğine emin olun.

(Konuşma Aralık 11, 2004)

22) Üsttekinin, alttakinin talebine nasıl yanıt verdiğini çalışırız ve bu kuru ve tatsız materyalin ve kitaplardaki çalışmanın sizin içselliğinizi anlattığının farkına varmanın, yazılı her şeyin sizinle ilgili ve manevi gelişiminizle nasıl ilgili olabileceğini sorarsınız. Tam olarak ne olmasını istiyorsanız onu çalışırsınız. Eğer hissetmek istiyor ama hissetmiyorsanız, o zaman bu hissetme de talebinize eklenir.

Fakat içsel hislerimizle ilgili konuşmasak bile, mantığa göre: Üst sistem Keter, Aba ve İma, GAR, Yaradan'a ait olan tüm sistem size yönelik hazır bekleme durumunda, arzunuzun ondan alması için hazır olmasını bekliyor. Sizin talebinize göre açılan, sonsuz çaptaki bir tüptür. İşte bu şekilde gerçekleşir.

O zaman ders sırasında talebinizin olmasını istemelisiniz, TES'te yazılı olduğu gibi, "talep kapıları açar". Kişinin kendisine çalıştığından daha yakın ne olabilir? Bu talebin, bu arzunun içine tarif edildiği gibi dâhil olursunuz. Bu, talebin nasıl yapıldığıdır:

Keter tam olarak hazırdır. İçinde Hasadim (Merhamet) ve Gevurot (Yargılar), aynı zamanda Hohma de Aba, Hasadim de İma vardır — her şey hazırdır, fakat Panim ve Ahor (yüz ve sırt birbirine dönük) durumundadırlar, sizin talebinizi bekler şekilde. Bu yüzden ders sırasında bu sisteme dâhil olmayı istemelisiniz. Nekudim içinde olması

zorunlu değildir, çünkü her yer aynıdır, bunlar bu şekilde organize edilmiş aynı On Sefirot'tur.

Çalışma sırasında talebinizin MAN olmasını istemelisiniz. MAN, Mey Nukvin (dişi su) demektir, gerçek noksan anlamındadır. "Nukva" (dişi) Malhut için bir isimdir ve "Su" Bina'dır. "Mey Nukvin" tıpkı Bina gibi ihsan eden olmak isteyen Malhut anlamındadır. Bu nedenle MAN olarak adlandırılır ve bu yüzden noksanlık Malhut Bina'ya doğru yükselir. Bina'nın yüksekliğine ulaşmayı arzulayan Malhut'un noksanlığıdır ve bu sizin isteğinizdir.

TES'in yedinci bölümünde tam olarak bu konuları okuruz. TES'in farklı bir bölümü hakkında soracak olursanız, bu durumumuzla çok ilgili olmayacak, farklı olacaktır, ancak durumumuzun tanımına yedinci bölümde yükselen noksanlığın tanımından daha yakın başka bir şey yoktur. Bu tamamen bizim dua ettiğimiz taleptir.

Eğer bu unutulursa çalışmanın, anında anlamsız bir zaman geçirmeye dönüşeceğine şüphe yoktur. Bu, tamamen anlamsız değildir çünkü kişi sonrasında çalışmadan ne kazandığını göz önüne alır ve kişi aynı zamanda az ya da çok doğru niyette olan diğerlerine dâhil olmuştur. Ancak şüphe yoktur ki, niyet en önemlisidir, demektir ki okumuş olduğunuz süreçlerden birisinin arzusu içinizde oluşacaktır. Sonrasında durum sizin için net hale gelince, zaten içindeydiniz ve şu anda içinde olduğunuzu göreceksiniz. Sonuç olarak gizlenme sadece algılamanızdadır. Siz mevcut yükselen MAN'sınız ve sonuç olarak size doğru geçen Işıkları alırsınız. Her şey zaten ihsan etme formundadır, sadece idrak eksikliğindesiniz. Şu anda içinde olmanıza

Michael Laitman  Niyetler

rağmen sizden gizlenmiştir. Bu yüzden tamamen gerçek arzunuzun ve durumunuzun size ifşa olmasını arzu edersiniz.

(Sabah dersinden Ocak 11, 2005)

23) TES kitabında arzunun kendisi hakkında değil niyet hakkında yazılıdır. Konu ve arzu, eylemler sayesinde hareket ederler çünkü niyet sürekli olarak değişir. Işıklar yukarıdan arzuya göre harekete geçerler ve artık arzu oradan gelir, hükmettiği niyetin boyutu buraya hareket eder. Arzunun kendisi değişmez; ne olacağını niyet belirler.

Bu metal levhayı eğerek ona bir şekil veren, metal işçisi olarak düşünülebilir. Metal levhanın ulaşacağı şekil, kişinin konu hakkında ifade ettiği niyeti gibidir. TES çalışmasında eylemleri bu şekilde çalışırız.

TES'de tanımlanan tüm eylemler sadece niyettir. Niyet olmadan Partsufim sonsuzluktan dünyamıza inmiş ve tekrar sonsuzluğa geri yükselmiş olmazdı. Tüm yol, konular, sadece niyet hakkındadır.

Diyelim ki, bir eylem gerçekleştirmek için elli gram niyetiniz olsa, sonrasında elli gram bir konu alır ve bunu yerine getirirsiniz. Geri kalanına dokunmazsınız. Gerisi kısıtlamadadır ve size hiç ifşa olmamıştır. Her zaman ifşa olan, doğru niyet ile tutup kullanabileceğiniz, sol çizginin bir kısmıdır, aynı zamanda doğru niyetle bile olsa kullanmadığınız kısım. Bunlar, Partsuf'un Toh ve Sof'udur ve Roş'u bu şekilde inşa edersiniz.

Niyetler  Michael Laitman

Tam olarak, A durumundan sonsuzlukta ve C durumuna kadar düzeltmenin sonunda elde ettiğimiz Roş'tur. Gerçekte, aynı sonsuzluk hem başında hem sonunda doldurulur fakat fark Roş'tadır, Roş niyettir. Roş sayesinde kişi Nefeş yerine, NRNHY'i (NaRenHay – Nefeş Ruah Neşama Haya Yehida) ışıklarını alır çünkü kişi ev sahibini bilir, O'nunla ilgili olarak ve tüm NRNHY'i ona ihsan ederken alır. O'nunla ilgili olarak, kişi ilave izlenim, ilave tanıma ve farkındalık alır. Tüm bu eklentiler niyetlerdir. Niyetlerin içinde, Ev Sahibi ve Ev Sahibi'nin düşünceleri ifşa olur. Ev Sahibi gibi hareket etmeye niyetlenmede kişi O'nu tanır ve O'nun derecesini alır anlamındadır.

Yaradan tüm eylemleri arzuya göre yarattı ve adamın onlara ilave edecek hiçbir şeyi yok. Arzuyu inşa eden Işık onu parçalara böldü, onu doldurdu ve boşalttı ve yukarıdan aşağıya tüm bu eylemlere adamın tek ihtiyacı olan niyeti eklemektir. Yukarıdan aşağıya olan iniş, adamın niyetini aşağıdan yukarıya derece derece inşa edebilmesini sağlayabilmek içindir. Arzuya, katlanmak zorunda olduğunuz eylemlerinizde, her seviyede parça parça daha fazla arzu eklenir, ancak, siz hiçbir şeyi belirlemezsiniz. Bu aşamalar, zaten mevcut olan yüz yirmi beş basamaktır ve kişi niyetini her basamakta ekler. Bu yüzden tüm yaratılışta niyetin eklenmesi haricinde hiçbir şey yoktur. Endişe etmemiz gereken hiçbir şey yok, şu anda olduğu gibi eylemler ileri gelmeye devam edecektir, bizler bunun sahipleri değiliz ve bunun üzerinde bir kontrolümüz yoktur. Eylemler doğru niyeti elde ettiğimiz aynı derecede geleceklerdir ve dereceyi doğru niyeti bulduğumuz hıza göre belirleriz.

Michael Laitman

Niyetler

Tüm bu açıklamalardan sonra, hangi yolu seçerseniz ve hangi taraftan giderseniz niyetiniz dışında hiçbir şeyiniz yoktur. Kabalistler sadece niyeti tartışırlar.

(Ders Şubat 25, 2005, Merdivenin Basamakları, 1.Bölüm. Makale 503)

24) Kötülüğün hayatta idrak edilmesinin eksikliğini yaşarız. Eğer bir şey hakkında şu anda endişelenirsem, o zaman uyuyamam, değil mi? Rabaş'ın bir örneği gibi, gecenin bir yarısında size, "Eviniz yanıyor!" diye bağırırlarsa hemen yataktan fırlarsınız. Problemimiz bizim yanıyor olduğumuzu anlamamızdandır ve sadece saran Işık bizi kurtarabilir. Sırasıyla, saran Işığı sadece şimdi alabilirim, TES çalışırken, niyetime, arzuma ve talebime göre. Çevreleyen Işık dışında burada başka alabilecek hiçbir şeyim yok. Daha çok ya da daha az sayıda Reşimot, altı cilt, yirmiden fazla bölüm hiç önemli değil. Beni kurtaracak olan Saran Işığı buradan çıkarmalıyım. Ancak, problem şu ki, yanıyor olduğumun farkında değilim. Bunu anlamak için kendi iradenin aksine yalvarmalıyım ki Saran Işık bana tehlikede olduğumu göstersin.

...Eğer içimde gerçekleşiyorlarsa, okuduklarıma alışmaya başlarım. Bu kitapta tarif edildiği gibi, Yaradan'a ihsan eden içsel bir eylemde bulunuyorum. Ve eğer onun içinde olmayı istemeyi hayal edersem de içinde olurum bu zaten bir duadır. "Şu anda bana Saran Işığı göndermeni istiyorum" dememe gerek yok. Gerekli değil. Bu eylemin içinde olmayı, içimde meydana gelmesi için istemem yeterli. Bu Saran Işığı üzerine çağırandır.

Örnek olarak, bir çocuk oyuncakları ile sanki oyuncak değil de babasının el aletleriymiş gibi oynuyor. Çocuğun küçük tahtadan bir çekici ve diğer buna benzer şeyleri var

ve onlarla yetişkinlerin yaptığı gibi yaptığını düşünüyor. Aynısı bizim için de geçerlidir. "Grup", "Dünya Kli'si" ve "niyetler" gibi açıklamalar ile kafamızı karıştırmamamız gereklidir. Hayır. Tartışılana bağlanmak istiyorsam bu yeterlidir. Bu yüzden, biz, kural olarak negatif şeyleri çalışmayız.

Örnek olarak, kapların parçalanmasını genellikle sadece belli nedenler ile tartışırız, diyelim ki dokuz Av (genelde Ağustos'a denk gelen Ay takvimine denk gelen ay) sabahında. Fakat genellikle, parçalanmayı çalışmayız. Neden? Çünkü saf eylemleri çalışmayı deneriz. Konunun içine karıştığınızda, çocuk gibi içinde kalmak istersiniz.

– Bunu istiyorum

– Neden?

– Sadece yap

– Sana ne verecek?

– Bilmiyorum.

– Bu manevi seviyelerde olmak ne demek?

– Bilmiyorum.

Ve bu Saran Işığı uyandırmak için yeterlidir. Sadece, içinizde olan arzuyla, hissetme durumunda tüm grubu buna bağlayabilirsiniz. Tüm dünyayı bunun içine getirmek istersiniz, herkesin tek bir eylem ile nasıl bağlanacağını hissetmek istersiniz. Siz zaten bir şekilde bunun içindesiniz; bunun içinizde olması arzusunu hissederek metin boyunca akıyorsunuz. Sadece bu koşul gerçekleşiyorsa gelişebilirsiniz. Tüm insanoğlu, tüm ihsan etme seviyesinde ortak durumunda olan ruhlar sizinle birlikte Yaradan'a dönmüş olacaklar. Sonrasında bu koşulla ilgili düşünceler, size gelecekler.

Michael Laitman

Bnei Baruch Eğitim ve Araştırma En

Niyetler

... Ne kadar anladığım önemli değil. Önemli olan metni okumam boyunca niyeti koruyabildim mi? Anlamamın derecesi ikinci sıraya bile değil, üçüncü sıraya konulmalıdır. İlk önce, metin boyunca akarak ve aslında içine katılmayı arzu ederek niyeti korumalıyım. İkinci olarak, kelimeleri doğru anladığımdan emin olduktan sonra her kelimeyi manevi olarak yorumla. Bu, doğru açıklamanın bağlanmamı bu özel hareket ile daha güçlü yapar demektir. Eğer "perde"nin ne olduğunu doğru açıklarsam, arzu ile ya da ona karşı olarak, harekete bağlandığım anlamına gelir, ya da örnek olarak "Üst Işık" doğru olarak açıklanmalıdır. Baal HaSulam'ın açıklamalarına göre anlaşılan, doğru bir yaklaşım kullanarak okuduğunuz, her şey, katılmak, hissetmek ve eylemin içinde yaşamak için niyetinizi kuvvetlendirir.

Bu yüzden Baal HaSulam kelimelerin açıklamalarına çok önem verir ve bunları kalbimizle bilmemiz gerektiğini söyler. Bu şekilde, çalışma sırasında niyetinizi kuvvetlendirirsiniz. Kelimelerin açıklamaları her şeyi teoride bilmek, sınavı geçmek ve zeki bir çocuk olmak anlamına gelmez.

25) Bir şekilde manevi sistemlerin ne olduklarını hissetmeyi denemeliyiz. Benim içimde konumlandırılmış durumdalar ve hayatımı belirliyorlar, fakat onları hissedemiyorum, aynı akciğer ve karaciğerimi hissedemediğim gibi. Hissetmediğim vücudumda birçok organ var. Aynı zamanda manevi sistemleri de hissetmiyorum ve onlar benden daha fazla da gizlenmiş durumdalar. Eğer vücudumdaki sistemler hastalanırsa o zaman anında bir şeylerin yolunda olmadığını hissederim. Buna zıt olarak, manevi sistemlerim tamamen arızalı ise bile bunu hissedemem.

Niyetler

Michael Laitman

Kişinin çalışmalarının tüm süresi boyunca, kendisine, vücudunun içinde olduğu ile ilgili söylenmiş olunan her şeyi düşünmeyi denemelidir. Hayvan organizmasından çok, ruhun vücudundan bahsediyorum; bu, tüm bu süreçlerin gerçekleştiği yerdir. Kişi içine geçmek ve içinde yaşamak için ruhunu anlamayı öğrenmek istiyorsa o zaman bu sistemi öğrenmelidir.

Kişi bu dünyada, dünyanın yapısını bilmeden yaşayabilir. Ancak maneviyatta kişi onu anlayana kadar ona hiçbir şey ifşa olmaz. Yoksa kendine zarar verebilir. Bu yüzden içimizde nelerin çalıştığını bulmayı denemeliyiz. Bu yönde çaba sarf ederek kişi arzusunu ve özlemini arttırır ve sonrasında Işık etkisini uygularlar. TES'e giriş 155.madde'de Baal HaSulam şöyle yazmaktadır: "...Ne çalıştıklarını anlamasalar da, buna rağmen, çalıştıkları materyali anlamaya olan kuvvetli arzuları ve çok istemelerinden dolayı, Saran Işığı üstlerine doğru uyandırırlar..."

Kendimizi Sonsuzluk dünyasının tüm hacmini kavramış gibi hayal etmeliyiz. Sonsuzluğun Malhut'u içinde ve ilk dokuz Sefirot içinde gerçekleşen her şey içimize yerleştirilmiştir. Tüm bu alan yaratılışın ruhlarının küresidir. İlk ve ikinci kısıtlama aynı zamanda tüm dünyaların genişlemesi, içimde gerçekleşir. Materyalimin (alma arzusu) içine dalma, çeşitli süreçler yardımı ile yaratılışı ve yeniden inşası, tüm bunlar hazzı hissetme arzusu içinde yer alır. Hazzı hissetme arzusu; işte bu benim. Haz için arzuya dayalı olarak, sonrasında "Ben" ve aynı zamanda başka bir şeyin daha mevcut olduğunu ve yerini belirlerim: Dünyalar, diğer ruhlar, melekler, "kötülükler", "ruhlar"; ve tüm bunlar ben düzeltilmediğim için varlar.

Michael Laitman

Niyetler

Kendimi düzelttiğim zaman şunu göreceğim: ben yani haz için olan arzum, sonsuzluğun Işığı ile doldurulmuş durumdadır. Bu yüzden, çalışmış olduğumuz her şey içimde ve her birimizin içinde yer alır. Bu herkesin kendisine söylemesi gerekli olandır. Bu, içimde yer alır, algılamadığım durumlardan onlar hakkında düşünmeye başlamama kadar. Sonrasında, Sonsuzluk dünyasına kadar aynı sırada, aynı durumlar ve olaylar boyunca geri dönmem gerekir. Ben Sonsuzluk dünyasına yükselirken çabalarımla üretilmiş olunan tüm geçmiş, şimdiki ve gelecek olaylar, içimde gerçekleşirler. İfşa etmiş olduğum Sonsuzluk Işığı da aynı zamanda içimdedir. Bizim sadece içimizde gizlenmiş olanı ifşa etmemiz gereklidir.

Kişi her şeyin içinde olduğu gerçeğine yoğunlaşmalıdır. Uzaktaki ya da yakındaki bir çeşit yıldızı aramamalısınız. Tüm bunlar içimde. Sonra, kişi "yakın" ve "uzak" kavramlarının kendi nitelikleri ile ya da bir şeyin manevi olarak ne kadar ona yakın ya da ondan uzak olduğu ile belirlendiğini düşünmeye başlar. Eğer, en baştan, kişi her şeyin içinde olduğunu düşünmeye başlarsa o zaman her şey farklı görünecek ve ona farklı anlamları olacak.

(Ders Kasım 19, 2004)

26) Elde etmiş olduğumuz ya da noksan kaldığımız bilginin miktarı hakkında endişe etmemeliyiz. Burada çok farklı türde insanlar var. Materyali anlıyorlar veya anlamıyorlar; "On Sefirot'un Öğretileri"ni biliyorlar ya da bilmiyorlar bu hiç fark etmez.

45

Niyetler  Michael Laitman

En önemli olan şey, şu anda, kitabı okurken, onlara ve herkese atıfta bulunduğunu biliyorlar. Başka bir deyişle, herkes kitabın onun hakkında, onun bu konumlarda ve bu seviyelerde olduğunu ve her şeyin onun içinde olduğunu, konuştuğunu biliyor. Kişi bunun içinde gerçekleştiğini hâlâ hissetmiyor olmasına rağmen, yine de, kendini bu dünyanın çeşitli önemsiz düşüncelerinden temizleyerek, içsel olayların kendi hayatı olduğunu, algılamasını ve içinde bulunduğu durumu, hemen keşfedecek.

Bu yüzden içi, dıştan daha çok istediğimizde, tam olarak bu sürecin "benim" içimde nerede gerçekleştiğini anlamayı ve algılamayı çok isteriz. Sonra, bu yüzden, çalışma etkisini üzerimizde gösterir. En sonunda, Sonsuzluk bizim en iç noktamızdır ve tam şu anda ona göre en dış noktada mevcuduz. O zaman "Tora'nın içselliğini" öğrenmeye başlayalım. Tüm bu sistemler içimde yerleştirilmiş durumda ve çabalarım sayesinde onları ifşa edeceğim ve içsel manevi gerçekliği hissedeceğim. Bu vücudun Klipa (kabukları)'sı kaybolacak ve sadece manevi algılamalar içinde ya da manevi dünyada yaşayacağım.

(Ders Kasım 19, 2004)

27) Hedefe ulaşmak için, sadece tek bir şeye ihtiyacımız var: Koşulsuz inanç. Hepsi bu. "Koşulsuz İnanç" şu demektir: Orada beni kurtarabilecek sadece tek bir şeyin var olduğuna inanıyorum, ders sırasında beni kaynağa getiren Işık. Bir kesinliğe ihtiyacım var, başka hiçbir şey olmadığına dair bir idrak - ki bu olmadan ben bir ölüyüm ve sadece kurtuluş gelirse ben yaşayacağım. Bu tıpkı ölümcül hasta olan bir kişinin onu neyin kurtarabileceğinden başka hiçbir şeyi düşünememesi gibidir.

Michael Laitman  Niyetler

Kendinizi ölümcül hasta bir kişinin yerine koyun. Eğer Işığı alırsanız, anında acı çekmediğiniz, uzun ve güzel bir yaşam elde edeceğinizi biliyorsunuz. Eğer alamazsanız daha fazla kötüleşebilir ve ölebilirsiniz. Eğer, kişide böyle bir his mevcutsa o zaman yönteminde koşulsuz inanç vardır.

İnancınız şu şekilde yönlendirilmelidir: "Şu anda, ihsan etmeye yaklaşıyorum, Yaradan'a benzer bir şekle ve bu benim iyi hissetmemi sağlayacak." Kendimi hesaplamalarımı yapmaktan ve iyi hissetmeyi istemekten alıkoyamam. Ancak, Yaradan'a ihsan etmek için gelmek istiyorum.

Koşulsuz inanca ulaşmalıyız, meydana getirmeli ve test etmeliyiz. O zaman tamam olduğumuzu söyleyebiliriz.

Soru: Bunu nasıl elde edebiliriz? Baal HaSulam der ki: her şey sadece buna bağlıdır.

Eğer inancınız yoksa o zaman manevi çalışmadaki çabalarınızdan ve hazırlık sırasındaki çeşitli eylemlerinizden bunu talep edin. Baal HaSulam'ın dediği gibi: "Öğrenci çalışmadan önce taahhüt etmelidir" Başka bir deyişle, böyle olmasını istemelidir. Sadece bunu ister ve hepsi budur; daha fazlası, bunu en uzak noktadan gerçekleştirir. Bu azar azar şekillenir. Ancak, sadece çalışma sırasında inancı talep etmek, özellikle öğrencinin arzusu üzerine kurulu bir şekilde sırasıyla çabalarını, çalışmasını, dağıtımını ve grubunu birleştirmek için gerçekleşir. Eğer buna sahip olursa, sonrasında inancın bu derecesine, ışık gelecek, Kelim'i (Kabları) düzeltecek ve onu kaynağa geri götürecek. Sonra, elbette Lo-Lişma'dan Lişma durumunu elde edecek. Süreç bizim Lişma'yı elde etme ihtiyacımızı gerçekleştirme derecemiz ile ölçülür.

Niyetler

Michael Laitman

Ve beni iyi hissettireceğini tasarlarsam bu önemli değildir bu her zaman bilinçaltımızda mevcuttur. İhtiyacı gerçekleştirme derecesi serbest zamanımızı kullanma, sarf edilen çabalar, içsel şiddetli arzu ve savaşımız ile değerlendirilir. Bazen tam tersi gerçekleşir: Aniden başka birçok amacımız olduğunu, hayatta diğer önemli şeylerin olduğunu keşfederiz. Bunun hakkında hiçbir şey yapılamaz. Denir ki: "Onu yaşa ama içinde ölme." Bu, inancın eksikliğidir. Bu yüzden "inanmak", Lişma'yı elde etmek, hayatın amacını fark etmek demektir ve bu dünyada yapacak başka hiçbir şeyimiz yok. Bizler bunun için ve aynı zamanda sadece çalışmaya doğru yaklaşım ile elde edilebileceğini anlamak için yaratıldık.

Bu, inanç olarak adlandırılır. Eğer bunu yaparak hayatınızı kurtardığınıza, bir milyon dolar ödeyecek dahi olsanız, inanıyorsanız; eğer buna sahip değilseniz o zaman bankaya gidin ve kredi alın. Lütfen. Sonrasında tüm hayatınız boyunca çalışın. Ya da alternatif olarak, on sene boyunca çalışın ve sonrasında hayatı elde edeceksiniz. İnanç manevi edinim için bir kaptır. Sadece konuşarak manevi dünyalara kapıları açabilecek bir durum değildir bu. Bu Kli'dir, güven, odağımız, Yaradan'a erişmek, ihsan etmeyi elde etmeye arzu. Tüm bunlar, bütün olarak, inanç olarak adlandırılır.

İnanç bu ihsan etmeyi elde etmek için olan Kli'dir, eğer düşünür ve kendimi sadece bununla ilgilendirirsem, bunun olacağına tamamen ikna olurum.

(Ders Ekim 29, 2004)

28) Hesaplama sadece onu talep etme derecesine ve çalışma sırasında tüm gruba nasıl bağlandığının derecesine göre gerçekleştirilir, bu, niyetimiz üzerine çalıştığımız zaman esnasındadır. Gene de, derslerde insanların yüzde otuzunun uyuduğunu görüyorum ve bunu diğer herkesi de dersten düşürdüklerini hissetmeden yapıyorlar. Herkesin kendinden "yanan kalp" talep etmeleri gerektiğini söylemiyorum. Bazen bunun imkânsız olduğu durumlar vardır ve ben de o zamanlardan geçtim. Ancak, kişinin derste böyle hafif bir düşünce ile uyumakla aynı fikirde olması kabul edilemez. Bu birçok örnekten biridir. Biliyorsunuz, bazen ben de uyuyakalıyorum. Ancak, bizim mecburiyetimiz çaba göstermektir.

(Günlük makale, Aralık 7, 2004)

29) Çalışabilen insanlar var ve rahatsız eden düşünceler, yorgunluk ve diğer faktörler yüzünden çalışamayan insanlar da var. Bu çalışabilen kişilerin uyaran dürtüleri, arzuları ve ruh halleri vardır. Ve çalışamayan kişiler "çöl" durumundadırlar ve çaba sarf etmeleri gereklidir: Çalışmaya mümkün olduğu kadar çok yoğunlaşmak ve başka hiçbir şeye değil sadece Işığın onları kaynağa geri getirmesine yalvarmak için. Biraz ilgi geliştirmek, ifşanın içinden gerçekleşebileceği kesin bir bağlantı kurmak için yalvarmalılar. Kendi egolarına göre "Çöl" durumunda kalabilmeyi ihsan etmek için Işığı boşaltmaya yalvarmalılar. İhsan etmeye gelince, buna zıt olarak, itici bir güç geliştirmeyi talep etmeliler. Ancak, kendi içsel çölünde kalan kişiler buna muktedir değillerdir, ta ki iyi durumda olan kendi iradesi ve arzusu ile çalışanlardan yardım alana kadar. Diğerlerine yardım etmeliler.

Bizler tıpkı birçok parçaya bölünmüş tek bir insan gibiyiz. Bireysel olarak bir durumdan başka bir duruma geçmek yerine, bu durumlardan hep birlikte geçebiliriz. Bunu yaparak, zaman kazanırız, birbirimize yardım ederiz ve

Niyetler  Michael Laitman

birbirimize bağlı hale geliriz. Bunun için çalışma sırasında, özellikle, her birimiz maksimum çaba sarf etmeliyiz ve ortak bir niyeti korumalıyız.

Burada, çalışma için arzusu olmayan kişiler görüyorum. Arzuları olamaz, buna muktedir değiller, materyalin tadı tuzu yok, kuru ve anlaşılmaz. "Buna neden ihtiyacım var?"a yanıt bizi kaynağa geri getiren Işığı çekmek içindir. Size eksik ilgi bilerek verilmiştir, bu sayede düzeltme için talep edebilirsiniz. İlgili olduğunuzda, düzeltmeyi talep etmiyorsunuz. Zaten bilgi ile bu şekilde kabul ediliyorsunuz ve aklınız için besin buluyorsunuz. Bu yüzden, kişinin ilgisinin ve bağlantısının olmadığı durum, ona doğru davranırsak, kutsal bir durum olabilir. Ancak, böyle bir durumda kişi tek başına hareket edemez. Kendisini çevreleyen toplumun yardımına ihtiyacı vardır. Bu yüzden çalışma her zaman grupta yer alır ve irade gücü ve arzusu olan bizler bu algılamanın elementlerini ve şu anda "çöl" durumunda olan dostlarımızı desteklemeliyiz.

Baal HaSulam der ki: eğer bir nesne maneviyatta çeşitli durumlardan geçerse, o zaman dünyamızda, birçok nesne var ki kendilerini çeşitli durumlarda bulur. Maneviyatta, erkek ve kadın tek Partsuf meydana getirirler. Aynısı çocuklara ve tüm diğerlerine de uygulanır. Çeşitli durumlar kişinin içinde hissedilir. Cansız, bitkisel, hayvansal ve insan seviyeleri kişinin içinde mevcuttur. Gece, gündüz, dünya ve cennet hepsi Partsuf içinde mevcutturlar.

Bizim durumumuzda işler biraz farklı. Her şey içsel ve dışsal parçalara bölünmüştür, büyük sayıda, her biri özel bir şeye sahip olan kişilere ayrılmıştır. Adam HaRişon tüm ruhları içerir. Dünyadaki tüm ulusları ve genel

Michael Laitman

Niyetler

olarak her şey tek bir Partsuf'tadır, ancak burada, bizim dünyamızda her şey birçok parçaya bölünmüştür. Eğer tek bir varlık olarak birleşirsek ve her birimiz kendi parçasını gerçekleştirirse ve diğerine kısmen bağlanırsa, o zaman diğeri kendisini bu belirli parça ile meşgul etmek zorunda değildir. Bu birbirimize nasıl yardım ettiğimizin ifadesidir. Eğer aramızda bu birleşmeye ulaşırsak ve birleşmiş bir hareket sergilersek, düzeltmeyi bitirebileceğiz. Hareketlerin çeşitliliği birbirimize bağlanmamış olduğumuz gerçeğinden dolayıdır.

Dolayısıyla, maneviyatta birbirini izleyen durumlardan geçen kişiye her ne uygulanırsa, maddiyatta, bu tek bir varlıkta birleşebilecek çok sayıda kişiye zorla uygulanır, bireysel küçük aksiyonlarının birbirleriyle birleşmesi yüklüdür ve hepsini bitirebilir. Bu fırsattan grupta özellikle yararlanılmalıdır.

Bu yüzden öğrenmek isteyen ile istemeyen arasında fark yaratmaz. Önemli olan geçen durumlar ile olan ilgimizdir. Dahası, kişi için şu anda hangi durumda olduğu hiç önemli değildir. Durumlar yukarıdan gelir. Bana Sitra Ahra'nın bunu tertiplediğini söylemeyiniz, her şey Yaradan'dan gelir. Her durum kutsaldır ve gereklidir ve yukarıdan size ne gönderildiğine göre sadece bunun farkına varmalısınız.

Çalışma için arzunuz yok mu? Olağanüstü! Çalışma için arzumun olmaması muhteşemdir. Bu demektir ki, şimdi bunun üstesinden gelmek için çabalamalıyım. Toplumun güçleri nerede? Dün ve dünden önceki gün nerede? Tüm bunları tek bir resim içine topladıktan sonra, yine de beni Kaynak'a geri getiren Işığı talep etmeliyim. Yaradan bana güçleri vermek zorunda, fakat egomu yanlış

51

Niyetler

Michael Laitman

yolda doldurmamalı; bu sayede neşe ile ileri yürüyebilirim ve heyecan ile çalışabilirim. Hayır. Eğer bunu yaparak kendimi yerine getirmiş hissetmezsem bu tamamdır. Böyle bir çalışma için arzum yoksa tamamdır ve arzusuz devam edersem bu da tamamdır. Şimdi, beni Kaynak'a geri getiren Işığı çekmek istiyorum. Şimdi bilginin üzerine gitmek için kuvveti edinmek istiyorum. Çalışmaya anlayışımla bağlanmayayım fakat bunun üzerinde yani bilginin üzerinde bağlanmalıyım.

Bu durumda kim daha fazla faydalanacak? Materyal kime daha çok kuru görünürse o daha fazla faydalanır. O durumun doğru bir şekilde farkına varmalıdır. Diğer yandan, yükselmiş durumda olan kişi, anlayışı kullanan, ders sırasında çalışan, bir şeyleri not tutan, çizimler yapan kişi, belki de mevcut durumunu doğru bir şekilde kullanamıyordur. Belki de, dışsal anlayışı ile birlikte çalışıyordur, - nasıl ki Partsufim, Aba ve İma birbirlerine yüz yüze ya da sırt sırta dönüyorlarsa- ve kendini unutuyordur. Grupta çalışıyorsak, bu farklı bir durumdur. Kişi kendini unutuyorsa bile, coşku ile çalışıyorsa bile, yükseltilmiş durumda ve pozitif hisleri deneyimliyorsa, bu sırada diğeri, zıt olarak, çalışma için eksik arzudan neşeleniyordur (çünkü bu, dua etmek için önkoşullar yaratır, kişiye çaba sarf etmesine izin verir ve belki de bilginin üzerinde bir şey ile onurlandırılır) yine de grupta herkes birbiri için telafi eder.

Bunu ne ile birlikte yaparlar? Bu, çaba sayesinde gerçekleştirilir. Çaba sarf etmek, ben istemezken siz çalışmak istiyorsunuz. Sonrasında beni tamamlarsınız ve ben de sizi tamamlarım. Tıpkı tek bir adam gibiyiz. Burada birçoğuna bölünmemize rağmen maneviyatta sadece tek bir adam vardır,. Eğer şimdi tek bir adamı oluşturabiliyorsak,

Michael Laitman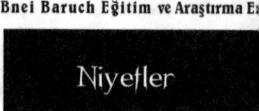

birbirimiz için telafi ederiz. Örnek olarak, sizin tırmanışınız benim kuruluğumu tamamlar.

Burada çalışmamız gereken şekil budur, sanki bir laboratuvar gibi. Hep birlikte, bize yukarıdan gönderilmiş bir durumda çalışırız. Bir şey ile uğraşırız, "durumumuz" denilen malzemeyle. Herkes, kimyasal maddeler ile çalışıyormuş gibi, atanmış olduğu testleri yönetir ve sonuç olarak, birlikte, gruba yukarıdan verilmiş olan ortak malzeme üstünde çalışırız. Yukarıdan gruba sanki tek bir vücutmuş gibi davranılır. Eğer bir kişi bir şey üzerinde çalışıyorsa, tamamen kimyasal bir laboratuvardaki gibi genel olarak, burada ortak bir aksiyonla meşgulüz ve yükselmeye başladık.

Her birimiz, çalışma sırasında kendi durumuna dikkat göstermeli ve hep birlikte çalışıyor olduğumuzu akılda tutmak zorundayız. Bu iki faktöre ihtiyacımız var: Herkes kendi içsel durumu üzerinde çalışır ve hep birlikte Yaradan ile ilişkide çalışırız. Hepsi budur. Başka bir şeye ihtiyacımız yoktur. Çok basit.

(*Günlük makale*, Aralık 26, 2004)

30) Benim için en önemli olan bu akıntı içine akmak, içeride olduğumu hissetmektir. Ve çalışmadan sonra aklımda ne kaldığı önemli değildir. Gerçekte, bu, sonrasında bana niyetin içine, metin ile duygusal birleşme içine, her ne kadar bu ikincil olsa da daha derine gitmeme yardım eder. Böylelikle, her şey doğru bir şekilde gelişir. Kişi sadece bilgiyi talep etmeyi keser ve içinde yaşamayı umursamaya başlar, tıpkı bir çocuk gibi, sanki gerçekte aksiyonlar gerçekleştiriyormuş gibi. Ya da bunları gerçekleştirmese bile, başarı onunla birlikte devam eder. Zorla hislerimizde

Niyetler  Michael Laitman

bu koşula girdiğimiz ve kendimize bir ara vermediğimiz zaman çalışmamızda bir noktaya ulaşmalıyız. Sonrasında başarılı olacağız.

Bunun üniversitedeki ya da okuldaki çalışmalar ile hiçbir ilgisi yoktur; bu, tamamen farklı bir şeydir. Bizden istenenin ne olduğunu anlamaya başlayın. Denmiştir ki: "İnsanlar arasındaki bilgeliğe inanın fakat insanlar arasındaki maneviyata inanmayın." Çünkü tam şu anda Işığı, ıslahı talep ediyorsunuz, sizi kaynağa geri getiren Işık (Or)'dur, bilgelik değildir. Bu, çok iyi bir ilişkidir, bizim herhangi bir bilimi olağan çalışma yaklaşımımızdan çok farklıdır.

Sadece bir yaklaşımı elde etmek gereklidir. Başka hiçbir şeye ihtiyaç yoktur. Bununla karşılaştırılınca başka bir şey yoktur. Sonrasında kitap içinde gizli bir şekilde var olan, bu araçta onun tarafından bizlere geçirilen gücü hissedeceğiz. Açıkçası bu metin dışında, maneviyat ile başka hiçbir bağlantımız yoktur. Bu ana faktörden yarar sağlamak için önemli olan tek şey; ne daha azı ne daha fazlası.

(TES üzerine ders, Ekim 26, 2004)

31) Birçok makaleyi birlikte okuruz. Bu bizim tarzımız olmamalı. Kişi her yeni saniye sırasında yeni bir koşul içine geçebilir. Geçmiş koşulu terk etmeli ve geçmişe tutunmamayı denemeliyiz. Herhangi bir koşuldaki an, ne kadar yüksek olduğu önemli değil, kişinin içinde bir andan daha uzun kalırsa, Klipa'ya döner. Her yeni an sırasında, yeni bir koşul kişinin arkasında durmalıdır. Kişi yeni durumlarına tutunmaya çalışmıyorsa, bu, öncelikle onları kendisi ile ilişkilendirmiyor demektir. Kişi koşulların içinde saplı kalmamalıdır ve koşuldan koşula akmalıdır, ancak o zaman ıslah ve son ıslaha ilerleyebilir. Bu yüzden hangi koşuldan kişi geçiyorsa bu onun için önemli değildir. Onun

Michael Laitman

Niyetler

için önemli olan bu koşullardan daha hızlı geçmesidir. Günde binlerce makale okuyabiliriz ancak bunlar kişide kalmaz çünkü gerçekten gün boyunca binlerce durumdan geçmemiz mümkündür.

Hafızanızı zorlamaya ve birçok şeyi hatırlamaya çalışmamalısınız. Algılamanızı kullanmayınız ve buna tutunmayınız; şu anda hissettiğinizin aynısını bir sonraki anda hissetmeye çalışmayınız. Hayır. Eğer bir an için bir şey hissettiyseniz zaten onu kavramışsınızdır. Bundan daha fazla kendiniz hakkında endişe etmemelisiniz; bu algılamayı hayatınızda deneyimlediniz ve bu da onun sonudur. Bir sonraki sefer her şey değişik olacaktır, daha büyük ve daha iyi ve farklı bir içsel tanımlamaya sahip olacaktır. Endişelenmek için hiçbir sebep yok. En önemli olan şey düşüncelerinizdeki tüm algılamalar üzerinden geçmektir.

Bu yüzden denmiştir ki: her yeni anda Sonsuzluğun Malhut'u bir kez daha boştur ve bir kez daha işlenmemiştir. Aynı şeyi yapmalıyız. Kişi her bir anda yeni olmalıdır, tıpkı yeniden doğmuş gibi. Bu durumda, önceden gelen her şeyi silmiş oluruz ve bir kez daha boş hale ve çalışmaya hazır hale geliriz.

(Günlük Makale, Ocak 17, 2005)

32) Reşimot üzerinde çalışan Işıklar dışında çalışmaya ilişkin hiçbir şey size yardımcı olmayacak. Burada öğrenmiş olduğunuz tüm zeki şeyler diğer kitaplardan çalışmış olduğunuz diğer bilimlerden daha değerli değildir. Kendinizi manevi olayları ve seviyeler boyunca yükselen Sefirot aynı zamanda Işıkları çalıştığınıza dair ikna edebilirsiniz, yine de tüm bunlar çevreleyen Işık'ın etkisi ile karşılaştırıldığında

Niyetler

Michael Laitman

ikincildirler. Eğer sizin üzerinize doğru çalışmazsa, TES'te yazılı olan hiçbir şeyin gerçek anlamını anlamayacaksınız. Mevcut durumunuzda, Baal HaSulam tarafından açıklanan kanunları anlamazsınız. Sizin 10 yıl boyunca çalıştıklarınız en sonunda size ifşa olacaktır, sonrasında, çok farklı bir boyut ve kavrayışta bütün resmi tamamen farklı bir şekilde göreceksiniz. Bu yüzden çalışmanın size bilgi yerine ihsan etme getirmesi için şiddetle arzu duymalısınız.

(Ocak 24, 2005)

33) Eğer kişi kendine olanları idrak etmek isterse, o zaman erişme için özlem duyuyordur ve bu onda bir etki gösterir. Bunun dışında her şey sadece algılara eşlik eder; yakın, uzak ya da ortalarda bir yerdesiniz, ancak her durumda esas olarak kişinin arzuları çalışıyordur. Tam şu anda, içsel tarafınızda parıldayan, çevreleyen Işık gerçeği hakkında düşünmenize gerek yok, o size dıştan boşalacak ve kaplarınızı temizleyecek ve gelen Işık gerçeği hakkında da Kli'yi temizler ve bu yüzden Kli daha mükemmel hale gelir; tüm bunlar sadece bilgidir. Siz basitçe bu durum için özlem duyuyorsunuz. Sizi çeken arzu gerçekte yakıttır tıpkı sizi oraya götüren bir füze gibi. Arzu hareket eder, arzu çalışır ve arzu dışında var olan başka bir şey yoktur eğer ihsan etmek için olan arzu ya da haz almak için olan arzuysa. Arzu kuvvettir ve bunun dışındaki her şey hiçbir aksiyona sahip olmayan materyallerdir. Bu yüzden iş özellikle kişinin arzusu ile gerçekleştirilir.

Hep beraber aynı şeyi istediğimizde, sonrasında ortak arzuyu inşa ederiz. Buna ek olarak eğer her bir kişi aynı zamanda diğer herkesi düşünürse ve hedefe ulaşmak isteyenin sadece kendisi olmadığı aynı zamanda diğer herkes de olduğu gerçeğini düşünürse; eğer herkes tek bir

Kli'yi kapsarsa o zaman bu arzu daha büyük hale gelir. Gerekli olan tek şey arzudur.

... On Sefirot'un öğretimi hakkında derste sorular sormalısınız ve Baal HaSulam TES'e girişte buna bir temel verir. Bunun için çeşitli nedenler vardır.

Birincisi, kişi düşünme yolu ile çalışır; aklını kullanmadan çalışamaz. Bu Kli'mizin doğasıdır. Yaradan aklı onu ihmal etmemiz ve değerini düşürmemiz için yaratmadı. Kelim'imiz ile birlikte çalışmalıyız; çalışmakta olduğumuz materyali gerçekten anlamalı ve onu kafamızda inşa etmeliyiz. Kabalistlerin tüm bunları, özellikle bize yazmadıkları, tarif edilen olaylarda mevcut olanlara, nasıl belli bir sırada yazmaya çalıştıklarını anlıyorsunuz. Özellikle bu kişileri düzeltmek istiyorlar.

Düşünün, tarih boyunca ne kadar çok Kabalist hatalar yaptı. Düşünebilirsiniz: Hatalar yaptılar, bu yüzden bunun hakkındaki büyük konu nedir? Bu, eğitim konusunu gerçekten bilmedikleri anlamına gelir. Ancak bu onlara karşı ukalalık yapmak değildir. Eğer bir Kabalist olaylarda hazırsa, sonrasında onlar hakkında okuyarak ve onları yaparak, düzeltmeler gerçekleştirir. Onun için talimatlarla olan bir kitap iyi bir öğretmendir ve onu kullanarak ruhu düzeltir.

Açıktır ki, eninde sonunda kendisi okumuş olduğunu ifşa edebilecek. Denmiştir ki, "Adam'ın ruhu ona öğretecektir." Ancak, bu uzun bir zaman alacaktır. Bu yüzden, kişi aynı şeyi diğer ruhlarla içsel dâhil etmede çalışarak daha kolay

gerçekleştirebilir. Diğerlerinin edinimlerinin kullanımında büyük bir fayda gizlidir. Bu ilk nedendir.

İkinci Neden: Örnek olarak bunu alın, maneviyata ulaşmış bir kişi ve bu kitabı eylemleri için uzman olarak kullanmak zorunda olsun, tıpkı daha sağlıklı olmak için kollarınızı ve bacaklarınızı nasıl ve kaç kere hareket ettirmeniz gerektiğini açıklayan bir jimnastik el kitabı gibi. TES okumak aynı şeydir. Bunun üzerinde çalışırken kişi kendi içsel Kelim'ini aktive eder ve bunu yaparak düzeltmeler meydana getirir. Ek olarak, bu düzeltmeleri Baal HaSulam'ın ifşa etmiş olduğu ortak sistem ile uyumlu olarak uygular ve bu şekilde kişi sisteme dâhil hale gelir. Anlayış seviyesi her ne olursa olsun, eğer sadece kendisini iptal ediyorsa bile, kişi büyük bir Kabalist'in ayak izlerini takip eder ve ikinci işaret etmiş olduğu yolda ilerler.

Bizler henüz manevi edinimde değiliz ve çevreleyen ışığı çalışmadan alıyoruz. En önemli işaret, çabanın niteliği, talep ya da algılanan eksiklik ile ölçülür: Bu benim ıslahımı nasıl etkileyecektir? Bu fayda, ıslahı talep ettiğiniz sıradaki deneyimlediğiniz acıya ve acımızın ne kadar hedef odaklı olduğuna bağlıdır. Gününüzün nasıl geçeceği için endişe etmezsiniz ama onun yerine amacınızı kendinize ne kadar net açıkladığınız ya da özellikle neyi arzuladığınız için endişe edersiniz. On Sefirot Öğretileri'nin hacmi önünüzde uzanıyor ve bu, maneviyata girmenize yardımcı olacaktır. Ne için? Bu size ne verecek? Ne için yaşıyorsunuz? Çalışmalarınızdan ne bekliyorsunuz? Eğer bir yerlere varacaksanız o zaman bu ne demek olacaktır? Tam olarak neyi başarmalısınız? Şu anda arzuladığınız noktanın doğası nedir? Tüm bu sorular çabanın niteliğini açıklamanın bir parçasıdır.

Michael Laitman  **Bnei Baruch Eğitim ve Araştırma E**

Niyetler

Eş zamanlı olarak ders çalışan ve aynı zamanda edinimde çalışan kişi, adım adım ders çalışma ile içsel çalışma arasındaki doğru ilişkiye gelir. Onu hedefe getirecek olanın kesinlikle içsel çalışma olduğu gerçeğinin farkına varır. Aynı zamanda, çalışmanın sayısal işaretleri, kişinin ne kadar bildiği, ne kadar derin anladığı, ne kadar derin yanıtladığı ya da soru sorduğu, hayvansal özellikleri tarafından belirlenir.

Bu yüzden denir ki: "Zeki kişi, ders çalışan kişi değildir". Bir kişiye keskin, açık, içine işleyen bir akıl verilmişken diğerine verilmemiştir. Bu, manevi özellikler ile tamamen alakasızdır. Bu özellik, çalışmayı ve idrak etmeyi seven kişiye yaratılıştan verilmiştir.

Bazı kişiler, doğaları gereği akıllarını aktive etmezler ve niyetler üzerinde daha çok çalışır gibi gelirler. Ancak, niyetler üzerindeki çalışmalarının yeteri kadar kuvvetli olmaması mümkündür. Diğerleri ders çalışmaya daha çok ayırırlar ve sonra çalışmanın, onları getireceğini ummalarına rağmen hedefe doğru getirmediğini görürler. Tüm bunlardan sonra, kural olarak, anlamanın, bilginin, anlayışın yardımı ile hayatta başarılı olurlar. Sonra akılları ile hayal kırıklığına uğrarlar ve öncesinde çalışmalarda gayretlilerken şimdi tüm kuvvetlerini niyetler üzerinde çalışmaya kullanırlar.

Diğer nedenleri tanımlayabiliriz fakat anlamalıyız ki, kişi kendisine verilenler ile çalışmalıdır. Kişiye neyi kullanması ve neyi kullanmaması gerektiğini söyleyemeyiz ve onu zorlayamayız. Her şey kişiye doğal yollar ile ifşa olmalıdır, ta ki iyi ve kötünün idrakine gelene kadar. Bizler sadece bu seviyelerden nasıl daha hızlı geçebiliriz hakkında konuşuyoruz, fakat bunlardan geçmemiz gereklidir ve bunun hakkında hiçbir şey yapılamaz.

Niyetler

Michael Laitman

Sorular sormalı ve materyali anlamaya çalışmalısınız. Ancak, gerçek şudur ki, zamanla, kişi yine de kendisine acı veren konuya batmış hale gelir. "Neden gelişmiyorum?" düşüncesinden acı hissederse o zaman bunu bilgiye bağlaması sona erer, tıpkı Partsuf'un Melahim'inin her biri nasıl ve nereye düştü? Kişi doğal olarak daha fazla bu kadar çok edinme gerçekleri hakkında endişe etmez çünkü bu bilginin ona ihsan eden kişi olması için yardım etmeyeceğini anlar. Bu doğal olarak gerçekleşir.

(TES *Hakkında Ders, Ocak 2, 2005*)

34) Bence materyali kavramak isteyen öğrenci, ders sırasında sıkı çalışmalıdır. Belki her şeyi yazması gerekli değildir fakat kişi bir çalışma gerçekleştirmelidir. Her öğrenci konuları yazmak ve çizmek için çok titiz ve değişmeyen bir sistem yaratmalıdır. Her iki durumda da, sınırları tanımlar, üç saatlik sabah dersimiz için net bir çerçeve kurmuş olur.

...Bence bir kişi bir şey öğrenmek, kavramak, bir şey ile bağlantı kurmak isterse, en azından onu yüz kere okuması gerekir hatta iki yüz kere okuması gerekir. Ancak bundan sonra kişi bunun içinde bir şey olup olmadığını görebilir. Fakat önce, materyali en azından düzinelerce kere okuyun. Ezberlemeden, bu şekilde yürümez. Bu hem üzerinde kafa yorma hem algılamadır; bunda çok fayda vardır.

"Şamati" makalelerini pratik olarak kalpten bilmek gereklidir. Bundan sonra, "Şlavey HaSulam" ile devam ediniz, hafif bir yorumlama, kalpten bilmenize gerek olmayan. Fakat "Şamati" gidebildiği kadar, bence kişi bunu büyük ölçüde gerçekten kalbi ile bilmelidir.

Michael Laitman

Bnei Baruch Eğitim ve Araştırma Er

Niyetler

Bize bir kelimeyi ya da kelimelerin yerlerini değiştirirsek bu çok kötü değildir gibi gelir. Fakat neden Rabaş bunu, bu özel şekilde yazdı? O bunu Baal HaSulam'ın düşüncesi ile paralel ve içsel olarak yeniden, kendi yaklaşımına göre yazdı. Kim bilir ki düşüncesi, beyni o zamanda nasıl çalışıyordu? Ancak aynı kelimeleri tekrar ederseniz bir bakıma aklınızı tamamen aynı yolu izleyecek şekilde programlamış olursunuz. Mevcut hayvani koşuldaki beyniniz bunu izlemez. Okumuş olduğunuz kelimeler hatalı olarak derlenmiş gibi gelir ancak, bunlar Baal HaSulam'ın akıl yapısına ve düşüncelerinin hızına göre kaydedilmişlerdir. Bu yüzden, kelimelerin kesin sıralarını aklınızda kopyalamaya değer ve sonrasında kelimelerin aklınıza girişleri aklınızı doğru bir şekilde düzenleyecektir.

...Aslında "Şamati" makalelerinde nokta ve virgül yoktur. Tüm "Şamati" kitabı uzun tek bir makaledir. Bu bir makaleler derlemesi değildir fakat tek bir bloktur. Gerçekten manevi kelime ve parçaların sıralamalarına değinmesine rağmen, en azından maddesel boyutta bu kalıplara göre aklınıza koymalı ve düşünmeye başlamalısınız. Bu, çalışmaya atılma ve öğrenme yöntemimizdir. Bu, kendime ne yaptığımdır.

(Yeni Ay Yemeği, Aralık 12, 2004)

35) Size konuları yazmanızı söylüyorum çünkü materyali çalışmaya bağlanmış olmamız gereklidir. TES çalışması devam ettiği sürece, ne kadar anladığınız önemli değildir; ancak, belli bir sıra olmalıdır. Kendinizi tüm bu sistem içerisinde bulmaya çalışmalısınız: Dünyalar, daireler, çizgiler, Üst Yönetim ile nasıl bir ilgisi olduğu, bu sistem içinde nasıl yükselirsiniz, Işık aşağıya size nasıl gelir, mevcut olduğunuz yer neresi? Bu, nasıl hissettiğimle

Niyetler — Michael Laitman

ilgilidir. Bilmiyorum, belki de bir başkası farklı bir şey hisseder. Kendimi, izlemem gereken yolu anlamak için, beni neyin etkilediğini, "ben neyi yönetebilir ve etkileyebilirim"i anlamak için, orada bulmalıyım. Bir başka deyişle, çalışma tıpkı bir dua gibi olmalıdır. Kendinizi tüm bu sistem içerisinde bulmalısınız. Bunun için bazı şeyleri yazmamız gereklidir. Çalışmanızı duaya dönüştürün ve bu soyut şeyleri öğrendiğinizde, sonuçlar, varsayımlar çiziniz ve onları kişisel gelişiminiz için kullanınız.

(Yeni Ay Yemeği, Aralık 12, 2004)

36) Başından beri, kişi çalışma sırasında çaba sarf ederek ıslah eden Işığı çeker. Bu, "aksiyon" ya da aynı anlama gelen "çalışma sırasındaki niyetim" olarak adlandırılır. Karşılığında yukarıdan AB-SAG Işığını, ıslahın kuvvetini ya da düzelten Işığı edinirim; bunun için hangi ismi kullandığımızın bir önemi yok. Şu anda, içimde ifşa olan zevk için, bütün arzuya ihsan etmek için bir niyetim var. Bu dünyayla ilgili içimde ifşa olan bir arzu. Manevi arzu henüz ifşa olmuş durumda değil. Sonrasında, bu dünyada "ihsan etmek uğruna" niyetini giyinirim. Bu, "Yaradan'a ihsan etme uğruna, tüm bu dünyayı reddetmeye hazırım," demektir. Bu da zaten kendimi O'na, annenin rahmindeki tohum gibi bağladım demektir.

Kendimi bağladım ve bir fetüs olarak dokuz aylık gelişim dönemime başladım. Nasıl gelişirim? Zaten bu dünyanın arzularına "ihsan etmek için" niyetini edindim, fakat şimdi maneviyat için arzu bana eklenmiş duruma gelir ve ben de her geçen gün artan, bu eklenmiş arzuda çalışmaya başlarım. Bu "günbegün" olarak adlandırılır. Önünde sonunda, tüm günler boyunca fetüs gelişimimi sağlamalıyım, üç "bölüm"den geçmeliyim, çeşitli değişimlerden geçmeliyim vb.

Michael Laitman

Bnei Baruch Eğitim ve Araştırma En

Niyetler

Fakat özet olarak, ben ne yapıyorum? Zevk için artmış arzunun üzerine sürekli olarak niyetimi geliştiriyorum. Egoistik arzu kişide arttıkça yine aynı hareketi gerçekleştiririm, ancak çalışırken zaten daha fazlasını görürüm. Ev sahibi ile farklı bir bağım ve farklı bir ilişki yapım vardır; zaten onu algılamaya başlamış durumdayım. Buna rağmen, onu algılamaya başladığımdan beri, çalışmam aynı zamanda bu algılamayı nötralize etmeden oluşur. Bu çalışma çok daha zordur.

Şimdi, ev sahibini görebildiğim an, onu ben gizlemeliyim; aksi takdirde ihsan etmek için niyete sahip olamam. Yaradan'ın ifşasından egoistçe haz almamak için O'nun ifşasını kişi, perdesiyle gizler. Eğer onu gizlemezsem, eğer aramıza bir sınır koymazsam (Mahsom), o zaman Yaradan bu bariyeri otomatik olarak yerleştirecektir. Her defasında çalışma çok daha zor hale gelir. Gizlemeleri kendim yaratmam gerekir, söylenmiş olduğu gibi, "Musa yüzünü kapattı, çünkü Yaradan'ı görmekten korktu". Bu, kişinin nasıl geliştiğini anlatır.

Kısaca, aksiyon beni doğru niyete getirecek olan yol için arayışın adıdır. Maneviyatta, bu yollar sadece çalışma içindir ve çeşitli başka fırsatlar da ortaya çıkar. Bunlar grup, öğretmen ve kitaplar vasıtasıyla yapılan tüm çalışmalardır. Her durumda "aksiyon" arzuladığımın ve bu niyeti başarmak için ne yaptığımın adıdır. Niyeti başarmak için ardı ardına bir şeyler yapmıyorsam, o zaman bu, hiçbir hareket gerçekleştirmiyorum demektir. Eğer sadece çalışıyorsam bu bana niyeti verebilecek olan "bir aksiyon yerine getirmek" olarak adlandırılamaz.

(25 Şubat 2005 dersi, *Merdivenin Basamakları*, 2. Bölüm, makale 586,
"*Saflaşmak üzere gelen kişi için ...*")

Niyetler  Michael Laitman

37) Baal HaSulam ya da Rabaş tarafından yazılmış, çalışmayı tartışan, makale ya da mektupları düzenli bir şekilde okumak gereklidir. Çalışmanın tüm önemi, inancın kabını nasıl elde edeceğimizdir. Bu nedenle kişi bu kaynağa, bu tedarik edene mümkün olduğunca gün içinde bağlanmalıdır, her fırsatta, inancı ve ihsan etmeyi uyandırma umudundaki bu büyüklerin yazılarında onu etkileyeceklerdir. Bu aynı zamanda çalışmaya gelindiğinde içinde bulunulan durumdur. Çalışmadan önce kişinin sanki arzuladığını edinmiş gibi hissetmesi gerekir ve bu şekilde manevi çalışmaya dostlarıyla oturur. İyidir, günbegün, kişi tüm hayatı boyunca, "bu benim yaratılışımın nedeni ve bu yüzden çalışmalıyım" prensibini kabul etmelidir. Mutluyum ki, dünyadaki diğer tüm insanlardan farklı bir kaderim var. Yaradan ile olan toplantı için geldim ve eğer benim üzerimde hiçbir şekilde çalışma yapmayacak olsa bile, müteşekkir olmam için çok sebebim var. Hiçbir şey yapamayacak olsam bile, mevcut olmak zaten büyük bir kazançtır. Bu yolda, gitgide, kişi bir yandan çalışma şekline alışır fakat aynı zamanda da diğer yandan çalışmadan kazanç sağlar. Bu tarz bir düşünce şekli, daha derinlere doğru işlerken tutunma noktaları bulmada yardımcıdır. Yaradan ile bağlantının devam eden etkisi ile Yaradan takdiri kendisine daha fazla ifşa olur ve bu yolda, çalışma sayesinde, o materyalin bilgisinin içine girer.

(*Günlük makale*, Aralık 13, 2004)

38) Şöyle yazılıdır, "kişi sadece kişinin kalbinin arzuladığını öğrenir". Kalbimizin bizleri götürdüğü yerleri bulmamız gereklidir. Kitap sayesinde bu yerleri ararsınız ve birden okuduğunuz bir şeye tepki verirsiniz, bu yerler çok önemlidir ve onları işaretlemeniz gereklidir. Farklı bir durumda, başka bir zamanda, başka bir şey göreceğim

ancak her zaman bu yolda, nasıl değiştiğimi, ilerlediğimi göreceğim. Paragraflar, ifadeler, öncesinde tamamen anlaşılmaz durumdaydılar, ancak kişi çalışmasının birikimiyle zamanla içsel derinliğe sahip olur ve içinde Işık ifşa olur. Işık beni derinliğe, gerçekte var olduğunu dahi düşünmediğim bir diyara götürür. Aniden beni bir vida gibi içine döndürür. Her zaman kendimizi daha yakın hissettiğimiz, anladığımız yerlerden çalışmaya başlarız. Bu konuları dikkatlice çalışmalıyız. On Sefirot'un öğretisinin düzenli olarak çalışılması kolay ya da zor da olsa çalışmaya devam ederiz, çünkü burada aklımızla anlamak için çalışmak zorunda değiliz. Ancak, içsel çalışma hakkında konuştuğunuz zaman, hissetmeniz gereklidir ve bu tür çalışmalarda kişi kalbine yakın olan yerleri seçmelidir.

(*Yeni Ay Yemeği*, Aralık 12, 2004)

39) Kişinin arzularının üstesinden gelip bunları aşması insanın gücü dâhilinde değildir. Sadece ders sırasında bu düzeltmeyi talep etmek ile Işık bunu yerine getirir, kişiyi inancının var olmasının derecesine ve onu talep etmesine göre aydınlatan saran Işık, onu düzeltir ve arzu ihsan etmenin alınışı için kaba dönüşür.

Islah bu şekilde bilinçli gerçekleştirilir, Yaradan'a dönme olasılığını Adam'a vermek için ve kişinin düzeltmeyi direk olarak kendi arzusu ile gerçekleştirebileceğini düşünmemesi için. Kişi doğasının üzerinde olduğunu düşünmemelidir tıpkı kendi doğasını kontrol edebilen Yaradan gibi çünkü bunda kişinin sadece gururu büyüyecektir. Fakat ıslah için Yaradan'a dönmede, kişinin içindeki kötülüğü ve Yaradan'ın büyüklüğünü tanımada, kişi yaratılışın tüm sistemine ilgilenmeye doğru bir şekilde başlar. Yaradan kişinin zorla O'na boyun eğmesini arzulamaz, çünkü

Niyetler  Michael Laitman

genelde, kişinin Yaradan'a yalvarması O'ndan ihsan etme niyetini almak için niyetlenmiş olmasındandır. Kişi bu talebe doğru geldiği manevi derecelerde O'nun niteliklerini edinir ve O'na eşit hale gelir. Bu, şu demektir: Yaradan kişiyi önceki seviyesinde terk etmez fakat onu isteğine göre kendi seviyesine yukarı çıkarır.

Bu yolla iki kez kazanırız: 1. Egomuza, alma arzusuna, kendimizi düzeltebileceğimiz düşüncesine düşmeyiz. 2. Yaradan'a döneriz, O'ndan bağımsız olmaya başlarız, bu da daha yüksek bir seviyeye yükseliriz demektir. İlk olarak O'nun AHaP'ına ekleniriz ve sonra düzeltmeyi talep ederiz. "Düzeltme" Galgalta Ve Eynayim gibi olmak demektir, seviyenin kendisi gibi.

Hatırlamamız gerekir ki çalışma sırasındaki duanın gücü olmadan hiçbir şey başarılamaz. Kişiye değişimi, gelişimi ve kurtuluşu getiren sadece bu aksiyondur. Hayatta sahip olduğumuz diğer tüm şeyler, onları kullanmak isteyelim ya da istemeyelim, üstümüzde çalıştığı tavır hakkında bilinçli olalım ya da olmayalım, her şey er ya da geç bizi bu noktaya itmek, kitaba doğru niyetle varmak içindir. Doğru kitaplar önümüzde fakat biriktirmemiz gereken arzudur. Çalışma sırasında yapabilecek fazla bir şeyimiz yok ancak çalışmadan önce, çalışma saatleri arasında, başka herhangi bir zaman, hazırlanma zamanıdır.

(*Günlük makale, Kasım 11, 2004*)

40) Bizler hissi varlıklarız. "Kap", "Kli", "hisseden"lerdir ve hissetme akıl ile dikte edilemez. İki farklı ve zıt sistem vardır. Bana, sizlere hissetmeyi geliştirmeye yardım edecek, örnekler ya da aksiyonlar söylememi istiyorsunuz. Sizlere bin bir tane örnek verebilirim fakat

Michael Laitman

Niyetler

bunları bir saniyede unutursunuz çünkü arzulanan hisse aklınız ile gelmek istiyorsunuz. Ne yapabiliriz? Çok basit bir hareket: Bir araya geliriz ve bizlerde var olduğunu arzulayarak, bizlerin maneviyattaki gerçek durumunu tartışan kitaplar okumaya başlarız. Hepsi budur, sadece okumak. Fakat bir araya gelmek, okumak ve düşünmek için içimizde paylaşılan çalışmanın anlayış, gereklilik ve zorunluluğu için arzuyu uyandırmak adına, başka bir çözüm olmadığından, daha önce birkaç aksiyon gereklidir. Özetle aksiyon budur, başka bir şey değil. Neden tüm bu kitapları okuyoruz? Bunları okuyoruz çünkü bizler için bizim doğru durumumuzu tarif ediyorlar. Olmasını arzuladığımızın derecesine göre, gerçekleşecektir. Saran Işık da böylelikle işini yapar.

(Günlük makale,Ocak 5, 2005)

41) Arzularınız içinden sıralarsanız, ihsan etmek için ilk dokuz Sefirot'unuzu kullanabilirsiniz, Malhut, Taştan Kalp, ihsan etmek için kullanılamaz.

Bu ne demektir ve kime ihsan etmekten bahsediyoruz? Bu diğer ruhlar ile olan bağlantıya ihsan etmek demektir. Sadece siz ve diğer ruhlar arasındaki bağlantıda Kli keşfedilir ki burada Yaradan ifşa olur. Şehina'ın ilhamı için olan kap ruhlar arasındaki bağlantıdır. Çalışma sırasında bu şekilde düşünmemiz gereklidir.

Şu anda 320 parçaya zıt olan 288 arzunun düzeltilmesini öğreniyoruz, bu demektir ki herkes içindeki tüm kapları, diğerleri ile bağlanmanın tüm olasılıklarını denemelidir. Bu, esas olarak ıslah olmaktır. Kişi diğerleri ile bağlanmasına yardımcı olamayan arzuları dondurur, kapatır ve bir kenarda

gizler. Bu, kişinin gerçek ihsan etme formunun ifşa olmasıdır. Bunda, kişi Yaradan'ın ortaya çıkacağı kabı ifşa eder.

Şu anda niyetin ve çalışmanın bir ve aynı olduğu şeyler hakkında çalışıyoruz ve bu aslında Kabala bilgeliğinde her yerde doğrudur. Bu konuyu sürekli uyandırmalı ve deneyimlemeliyiz. Eğer bunu yaparsak, niyetler ve çalışma tek olarak bağlanacaklardır. Kişi ve çalışma, çalışma sırasında niyet ile doğru seviyeye ulaşmak için tek olacaklardır. Eğer herkesin birleşmek için arzu duyduğu grup içinde çalışırsak, bu, tıpkı bir laboratuvarda kendi üzerimizde deney gerçekleştirdiğimiz bir duruma dönüşür. Her kim bunu fark ederse kendisini ne kadar geliştirdiğini hissedecektir ve her kim fark etmezse Kabımıza zarar veriyor demektir.

(Günlük Makale, Şubat 15, 2005)

42) Şunu fark etmemiz gerekir: Bir taraftan Kabalist bilgeliğin kelimelerini bizim için en uygun şekilde kıyafetlendirebilir ve bizleri, materyali okuyarak ve tartışarak edinebileceğimiz, gideceğimiz yönü, yolu ya da idraki kaybetmemize izin vermeden doğru niyette tutabilir. Diğer taraftan, çaba gene de kendi payımıza düşeni yaparak bizden gelir. Çabalarımız her zaman bu yönde olmalıdır. O zaman bu sırada farklı düşünceler ve tıkanmalar kişinin içinde yükselir. Bu zorlukların üstesinden gelmek için çalışmalıyız ve niyeti saflaştırmalıyız.

Arzularımız ve düşüncelerimiz hakkında ya da bu dünyada bize neler olacağı hakkında düşünmemeliyiz. Aynı zamanda maneviyat hakkında da bu şekilde düşünmemeliyiz, Kabalistik kitaplarda incelenmiş olduğu gibi; demektir ki, Atzilut dünyası hakkında, Adam Kadmon

Michael Laitman

dünyası ve sınırlandırmaları hakkında, inişler ve çıkışlar hakkında ve tüm diğer şeyler hakkında, TES'de gözden geçirildiği gibi olmalı. Başka bir deyişle, kendimiz ya da maneviyat hakkında düşünmemeliyiz.

Sadece tek bir şey hakkında düşünmeliyiz: çalışma sırasında tam olarak bunun beni hedefe getiren olduğunu nasıl hatırlayabiliriz, tıpkı bir taşıyıcı gibi ya da uçak, bindiğim ve istikameti hedefe ayarladığım bir şey. Kişi sadece bunun hakkında düşünmeli; çabaları sadece buna doğru yönlendirilmelidir. Bu, özgür irade için olan fırsatımızdır. Başka hiçbir şey kişiye istemiş olduğu yaradılış düşüncesine ulaşması için yardımcı olamaz.

(Günlük Makale, Şubat 24, 2005)

43) TES'i okuma zamanında, kişi tüm düzeltmemizin Yukarıya adanmaya bağlı olduğu gerçeğini düşünmelidir.

Kendimize ait kişisel özelliklerimizden faydalanmamız mümkün değildir. Mevcut şeklindeki arzularımız ve düşüncelerimiz manevi çalışma için niyetlenmiş değillerdir. Ancak, Yukardaki manevi dereceye ve ona kendimizi ilişkilendirebildiğimiz kadar ve onunla birleşmeyi edindiğimiz kadarıyla değiştiğimizi göreceğiz. Kendimizi ihsan etmeye doğru olarak ancak böyle bir kaynaşma ile bağlayabiliriz. Bu, Malhut'un ilk dokuz Sefirot'un, Yesod'a bağlanması demektir.

Bu kaynaşma sayesinde, Malhut Yesod'a bağlandığı dereceye kadar ve kendini ona bırakır, ilk dokuz Sefirot'un özelliklerinde tüm çalışmayı kendi üzerine alır, Malhut'un özellikleriyle ilk dokuz Sefirot'un özelliklerinin derecesine

denk hale gelir, farklılıkları dışsal görünmelerde ortadan kaldırarak ihsan etmeye yönelik çalışabilir. Çalışma sırasında niyet bu olmalıdır.

Maneviyatta çalışma sadece Yukarıya ne denli bağlandığımıza, O'na ait tüm nitelikleri üzerimize aldığımızda mümkündür. Bu koşul ilk olarak grupta oluşur. Grup kişinin kendisini kontrol edip ölçebileceği bir yerdir. Gerçekten hazır mıyız, istiyor muyuz, kendi üzerimize ihsan etme niteliğini almaya özlem duyuyor muyuz – sadece teorik olarak – Yukarıya ait nitelikleri istiyor muyuz? İşte bu yüzden Kli hakkında düşünmeye ihtiyacımız var, sadece tek bir amaçla bağlandığımız yer, Yaradan ile birleşmek.

(Ders, Şubat 16, 2005) *Yemek Sırasında Niyet*

44) Sabah dersi sırasında niyet hakkında konuştuk. Niyetler kişinin arzularıdır, kişinin başarmak istediği ya da kişinin yaşam programı ve tüm yaşamı boyunca aklında ve kalbinde şiddetle arzu duyduğu; aynı zamanda kişinin hayal kırıklıları ve ümitleridir. Tüm bunlar ders sırasında ifade edilirler. Neden? Çünkü çalışma sırasında kişi, herkesin içinde olduğu, tüm kuvvetlerin bu dünyaya doğru geldiği yer olan, kaynak ile bağlantıyı kurar. Bunu ders sırasında kişinin arzusunu yönlendirebildiği, yalvardığı, istediği, talep ettiği ve değişiklikleri getirdiği durum izler. Bu, diğer zamanlarda neredeyse imkânsızdır.

Bunun istisnası beraber yemek yediğimiz zamandır. Ders ile karşılaştırıldığında, bayram yemeği hatta daha özeldir ve bu histe çalışma ayrılır. Ders sırasında Işık ile bağ, otantik manevi yazılar vasıtasıyla kurulur, bunu yazan Kabalistlere de şükür ki bir bağ kurma aracımız var. Kabalist, öğrenciye Üst Yönetimin olduğu yeri tarif eden kitabı verir.

Michael Laitman

Niyetler

Diğer yandan, yemeklerde ya da bayram yemeği sırasında durum farklıdır. Masanın etrafında oturan insanlar henüz Atzilut dünyası hakkında konuşan bir Kabalistin düzeyinde değillerdir. Bilakis, biz, küçük olanlar, bu seviyede var olarak, bir kap oluştururuz ve henüz aramızda hiçbir bağlantı kurmamış olmamıza rağmen Işığı üzerimize çekeriz.

Beraber yemek yemek ortak bir hal oluşturduğumuz koşuldur; kişiler arasında bir bağlantıdır. Zohar Kitabı'nda ve genel olarak tüm kaynaklar ile kişi masayı kuran erdemler hakkında okuyabilir ve birlikte oturarak yiyebilirler. Beraber yemek yemenin özü nedir? Beraber yemek yemek, insanların arasındaki bağın ifade şeklidir. Herkes kendi bağını diğerleri ile kurar ve özellikle yüksek (manevi) seviyeyi edinmeyi arzuladığı için onlarla birleşmek ister. Ve kelimelere ihtiyaç yoktur. Bu gerçekten öğretmenimin evinde olan idi. Neslimizin son Kabalisti, Kabalist Baruh Aşlag, yemekleri özel bir şekilde yönetirdi. Her şeyin sessizlik içinde olmasında ısrar ederdi. Kimse birbiri ile konuşmazdı, herkes oturur, sessizce yemek yer, güçlükle nefes alır ve her biri içsel konsantrasyonunu korurdu.

Kişi yemek vaktinin arkadaşı ile bir kaç kelime konuşabileceği ya da ayağa kalkıp dostlarına bir kadeh kaldırabileceği güzel bir an olarak düşünebilir, fakat hayır. İlginçtir ki, ortak olarak kabul edilmiş normlara karşın, Kabalistlerin beraber yemek yemeleri tamamen farklı bir anlam taşır. Kişi dostlarıyla neden beraber oturduğunu, bundan ne elde edeceğini, neye çekim duyduğunu, diğerleri ile birlikte ne hakkında düşünmesi gerektiğini ve bu eylemin sonunda sonuç olarak ne elde etmek istediğini sürekli iç çalışma olarak değerlendirmelidir. Bilhassa paylaşılmış

Niyetler   Michael Laitman

öğün sırasında, kişinin içsel çalışmasına ve derinine inmesi çok önemlidir ve soru şudur: "Hayatımda ne istiyorum?"

Ve gerçek şudur ki, Kli tamamen bizimdir. Kimse bizim için bu bağlantıyı kuramaz. Biz ve sadece biz, paylaşılmış bir öğün organize ederek ve birbirimizle bağlanarak bunu gerçekleştirebiliriz. Şimdi, özellikle hedefi arıyoruz. Başka hiç kimse bizim için Atzilut dünyası ile olan bağlantı hattını açmıyor. Aramızdaki bağlantıdan esinlenerek, biz, kendimiz, bir talebi yükseltmeye çalışıyoruz - ki onu hislerimizle izleyebilir ve sonsuz, mükemmel ve aydınlanmış dünyaya yükselebiliriz. İnşallah hepimiz için bu koşullar gerçekleşir. Bu yüzden yemek zamanı kişinin iç çalışması, kişinin kendine söylemek istediklerine olan dikkati ve sessiz çığlığında diğerlerine söylemek istediklerini düşündüğü andır ve bu iç çalışma her defasında çok daha fazla kuvvetli olmak zorunda. İçsel yakarış ders sırasında olduğundan çok daha yüksek sesle olmalıdır.

Umarım ki bayram ve normal zamanlarda bir araya geldiğimiz yemeklerimiz sırasında ulaşacağımız nokta, Zohar Kitabı'nda yazdığı gibi, Yaradan'la aralarında bağ kurmuş büyük erdemli insanların ulaştıkları seviyenin aynısı olsun.

(Dostların bir araya gelmesindeki Festival Yemeği, 8 Şubat, 2005)

Grubun Niyeti

45) Grubun niyeti diye bir şey var mı? Grup niyette ve sadece niyette birleşmemişse, grup diye bir şey yoktur. Grup başka bir şeyde birleşemez. Arzuda birleşme "hor görenlerin bir araya gelmesi" olarak adlandırılır. Niyette birleşme, Yaradan için çaba vermek "kutsal topluluk" olarak

Michael Laitman

adlandırılır; bu Kabalist Şimon Bar Yohay'ın grubunun adıdır. Birleşme sadece ortak niyette sadece Yaradan'a dönerek başarılır. Niyetten bahsediyoruz, arzudan değil. Arzuları incelemeye muktedir değiliz. Doğruyu söylemek gerekirse, aynısı niyetler için de geçerlidir; ancak, arzularımızı, aksiyonlarımızı takip etmek bizleri birçok yöne doğru çevirebilir. Her şey niyetin yönüne göre olur.

(25 Şubat Dersi, 2005, Merdiven'in basamakları, 1.Bölüm, Makale 503)

46) Günde 24 saat niyete sahip olma kuvvetini nasıl kazanabilirim? Grup beni buna mecbur kılabilir; bu, zorlamak yerine, beni yeteneği ile etkileyebilecek, benim isteyeceğim bir şekilde bunu gerçekleştirebilecek şekilde olabilir. Gece gündüz "sıkışmış" gibi olmalıyım. Başka bir deyişle, bu algılama basitçe her zaman benimle olacak.

Aksiyonlar gerçekleştirmek yerine niyette yaşamaya başlamak gereklidir. Bu, farklı bir boyuttur. Başka bir deyişle, aksiyonlarda ve ilişkilerde yaşamak yerine niyette yaşarım. "O ve ben; onunla nasıl ilişkilendirilirim?" Bu niyette sürekli mevcut olmalıyız. Eğer 24 saatin tümü boyunca buna dalarsanız, bu sizin Mahsom'u geçtiğiniz ve manevi dünyaya girdiğiniz anlamına gelir. Manevi dünya benim Yaradan'a olan ilişkimdir. Bu, niyetime uygun gelen ve O'na yönlendirilen bir ilişkidir. Hepsi budur. Tabii ki bu durumda, başka bir şey ile doldurulmuş hale gelirsiniz, farklı bir merakınız vardır ve bu şekilde yaşarsınız. Korkmayın, çünkü bu duruma hangi hayvani durum ile uğraştığınız önemli değildir, çalışıyor, yiyor, içiyor ya da eğleniyor olabilirsiniz; siz yine de niyeti korursunuz.

Bu demektir ki, hayvan seviyesinden, manevi seviyeye yükselmek ve niyete göre yaşamak Yaradan'la olan

Michael Laitman

ilişkinize göre yaşamaktır. Bu durumda bunu ifşa edersiniz, algılarsınız ve sonsuz yaşamın algısında var olursunuz. Her şeye karşı size tamamen farklı bir ilişki verecek olan boyuttan bahsediyoruz. Eğer, tüm yaşamınızdaki 24 saatler dizisi boyunca, her zaman Yaradan'a karşı, hedef odaklıysanız, o zaman siz O'nun ile aynı alanda yaşıyorsunuz. Belli ki bu var olmanın farklı bir şeklidir. Kişi bu koşulda olma arzusunu grubun etkisiyle nasıl alabilir? Talep edin, sormayın. Talep etmek! Bu gerekliliği gruba getirin. Gruba baskı uygulayın ve bu size inanç olarak geri gelecektir.

(Günlük makale, 14 Şubat, 2005)

47) "Eylemin sonu, eylem öncesi düşüncenin içinde yer alır." Son hedefi en önemli şey olarak yerleştirmediğimiz sürece hiçbir aksiyona başlayamayız. Son hedef, en başta mevcut olmalıdır. Sonda olacak şeyi işin başında göz önüne yerleştirmeliyiz; aksi takdirde, aksiyon, niyet ya da düşünce basitçe hayvani olacaktır. Kişi, neden hareket ettiğini bilmiyorsa ya da net bir hedefi yoksa "deli" olarak adlandırılır. Aptal, çocuk ya da deli adam olarak çağrılır.

Son hedefi, analiz etmiş olduğunuzun derecesine göre, kendiniz için hayal etmelisiniz. Bunun küçük olması ya da olmaması önemli değildir; en önemli olan en azından onu kuyruğundan yakalamış olmanız ve "Bunun uğruna çalışıyorum şimdi, eninde sonunda hedefe ulaşmak için, belirli bazı aksiyonları başarmam gerekiyor" demenizdir.

Bir soru yükselir: Eğer hedefi kendim için daha net bir hale getirirsem, daha fazla kuvvet elde edebilir miyim, grup içinde çalışmaya söz verirken, karşılıklı garantiye girmek için gerekliliği algılayıp, çabalarımı içine koyabilir miyim? Bu, karşılıklı temel üzerine kuruludur. Nihai hedef tarafından nasıl cezbedildiğiniz önemli değildir, ilk önce

Michael Laitman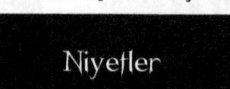

gruptan son hedefinizi gerçekleştirmenizin öneminden daha fazlasını alamayacaksınız.

Anladınız mı? Kuvvete sahip değilsiniz ve sizin için parıldayıp size kim olduğunu ve ne olduğunu gösterecek, Yaradan ile bir bağlantıya sahip değilsiniz. Ancak, size Yaradan'ın ne kadar büyük olduğunu söyleyebilecek arkadaşlarınız var.

(Günlük makale, Şubat 10, 2005)

48) Yaradan'ın size vermiş olduğu çok basit ama paha biçilemez bir hediyedir: Dünyada hem içsel hem dışsal olarak hiç var olmamış bir durum. Tüm dünyadan arkadaşlar destek olmak için var, insanlar dünyanın her yerinden bize katılıyorlar, size nasıl davranmanız gerektiğini açıklayan bir öğretmeniniz var; her şeyiniz var.

Rabaş bana şunu anlatmıştı: Babası'nın derslerine gitmek için ayrılacağı sırada, karısı ona evde çocuklar için bir parça ekmeğin bile olmadığını hatırlatmıştı. En küçük kızı ona gelerek şunu demişti: "Baba, yemek istiyorum." O da: "Ne istersin?" diye sormuş. "Ne olursa" diye kızı cevap vermiş. Baal HaSulam ile çalışmaya gittiğinde ailesinden ayrılış yolu buydu. Bunlar o zamanın koşulları idi.

Kendi durumunuza değer vermiyorsunuz. Aileleriniz hemfikir, dünya bile hemfikir. Bu bir çeşit cennet ya da tımarhane. Bunun nasıl adlandırılması gerektiğini bilmiyorum; bu anormal bir şey. "Teşekkür ederim" demekten ya da dememekten korkuyorum.

Ancak, bu aynı zamanda bizleri zayıflatıyor. Kaygısız olma durumuna düşüyorsunuz. Yolda engeller yok, sizi

Niyetler — Michael Laitman

zorlayacak, vicdan azabı verecek, irrite edecek, korkutacak ya da tehdit edecek hiçbir şey yok. Koşullar bu şekilde, ne söylemem gerektiğini bilmiyorum.

Bu durumda size yapacak ne kaldı? Siz sadece oturmalı ve birbirinizle bağ kurmalısınız. Net manevi çalışma ile bir arada bırakıldınız! Allah korusun, hiçbirinizin evinizde bir parça bile ekmek olmadığını hayal edin. Şimdi maneviyat ve arkadaşların birleşmesi hakkında düşünmeye başlayın. Daha büyük bir talihsizlikten dahi bahsetmeden.

Mecburiyetimizi Yaradan'a doğru iletmeniz gereklidir, bunu maddi dünyanın arka planında değil maneviyatta gerçekleştiriniz. Maneviyat arka planında ve bu yüzden çeşitli zevklerin üstünde iyiden daha iyiye doğru yükselmelisiniz. Bu yüzden, içinde İlahi bir şey olmadığından durumunuzun kötü ve korkunç olduğunu hayal etmelisiniz ve sonrasında buradan yükseliniz. Size yapmanız için geriye kalan tek şey, içinizde bir şeyler yapmanız.

(Günlük makale, 13 Mart, 2005)

49) Birlikte çok çalışmamız gerekecek. Eğer birlikte hareket edeceksek, eğer niyeti tüm Kli'nin iyiliği için yönlendireceksek ve bu sayede birlikte birleşeceksek, eğer insanların bu tarz niyetleri olacaksa, o zaman bundan yarar göreceğiz. Ancak, eğer böyle olmazsa, o zaman bunun tam tersi gerçekleşecektir. Denmiştir ki: "Oturmak ve bir şey yapmamak daha iyidir." Başka bir deyişle, eğer doğru niyetiniz yoksa bir şey yapmaya başlamayın.

Farz edelim ki, birisi şimdi farklı alanlarda grupta birçok aktivite yaratacak. Eğer bu kişi bunu yaparken doğru

Michael Laitman

Niyetler

niyetlere sahip değilse, o zaman, biz onunla birlikte kaybın acısını çekeceğiz. Bu yüzden denmiştir ki: "Oturmak ve bir şey yapmamak daha iyidir".

Üzerinde kontrolümüzün olmadığı durumların derecesini anlamayız. Kendi başımıza doğru gelişimde pratik olarak ilerleyemeyiz. Oransızlık çok büyük: %99 ya da daha fazla. Oysa aynı zamanda yukarıdan gerçekleştirmek için izinliyiz. Ne olduğuna bakmak korkutucu. Eğer sadece oturuyor ve kendi başımıza çalışıyorsak, tıpkı diğer herkes gibi, o zaman bu hiçbir yere varmayacaktır. Ancak, onlardan çok daha potansiyel bir tehlike içindeyiz. Çok sayıda grup var: Kendi başlarına oturuyorlar ve çalışıyorlar ya da dua ediyorlar. Ancak, gerçekte orada hiçbir şey gerçekleşmiyor, birleşme üzerinde çalışmıyorlar ve bu yüzden hiçbir eylem yerine getirmiyorlar. Çok daha tehlikeli bir durum içindeyiz.

Oturup, hiçbir şey yapmamak daha iyiye dönüşebilir mi? Gerçekte ne yapmalıyız? Bu eylemler eninde sonunda içimizdeki kötülüğün gerçekleşmesini uyandıracağından, çalışmaya devam etmeliyiz. Yolumuzda çeşitli problemler ve hayal kırıklıklarının ortaya çıkma olasılığı vardır. Uzun yıllar geçtikten sonra çalışmamızın sonucunu görmesek bile devam etmek gereklidir. Sonuçlar bizim istediğimiz gibi olmayabilir ama sonuçlar doğa kanunlarını takip edecektir.

Bunun dışında başka bir yolumuz yok. Eğer aksiyonlarımızı da sınırlandırırsak o zaman bizden geriye hiçbir şey kalmayacak. Grubumuz niyete aksiyonlar sayesinde varır. Çalışmalıyız, geleneksel olarak söylendiği gibi, "cennet için", bu boşluğun içine baka baka çalışmalıyız.

Niyetler

Michael Laitman

Eğer çalışmayacaksak ve aksiyonlar yerine getirmeyeceksek, o zaman bununla grubu bitiririz sadece.

Bu yüzden, bununla beraber, niyetin önemini anlamak zorundayız. Yapacağımız her şey, Yaradan'a yönlendirilerek, grup niyeti ile grup eylemine dönmek zorundadır.

(Ders Şubat 25, 2005, Merdivenin Basamakları, 1.Bölüm, Makale 503)

50) Grubun her üyesi, her aksiyonunda niyeti inşa etmelidir. Kişi bunu gerçekleştirdiğinde, o zaman varlığı, çalışması ve gruptaki varlığının her saniyesi, grubun Yaradan ile birleşme yeteneğini daha fazla arttırır. Eğer niyetler bu şekilde ise, o zaman herkes Üst Işık'ın şemsiyesi altındadır. Eninde sonunda, tüm gerçek Üst kanuna uygun bir şekilde inşa edilir. Hedefe ulaşmak gereklidir ve eğer toplum bir bütün olarak ve aynı zamanda her bir kişi bireysel olarak buna doğru şiddetli arzu duyarsa, o zaman Üst kanun onlarla birlikte çalışır. Bu durumda, grup açıkça hiçbir şekilde başarısız olamaz. Buna karşı bir şey yapabilecek hiçbir kuvvet yoktur.

Ancak, grubun üyeleri bir şekilde hedefi unuturlarsa, o zaman Üst Kuvvet her şeyi hedefe doğru çeker, Yaradan ile birleşme hedefine şiddetli arzu duymayan konu dışı düşünceler ile çarpıştırır. Hedefe doğru şiddetli arzu duymayan düşünceler grubun başarısızlığına yöneltilir ve o ya da bu şekilde algılanır hale gelirler. Bu tarz sapmalar çoğaldıkça, kriz meydana gelir.

Şunu anlamalıyız ki gerçekte, sadece tek bir kuvvet vardır; bu, her şeyi hedefe ve Yaradan ile birleşmeye doğru çeken kuvvettir. Bu, kanun haline gelmelidir ve her birey için özellikle bir bütün olarak grup için Üst kısım. Sadece hedef

Michael Laitman  Niyetler

için arzu hakkında düşünmeliyiz ve tüm çalışmalarımızı bunun üzerine belirlemeliyiz.

(Okumadan alıntı, Şubat 21, 2005)

51) Saran Işık, çalışmalardan ve grup sonuçlarının belirli bir arzudaki edinimlerinden gelir. Çalışarak, basitçe grubun hayatına katılarak grupta her tür çabayı gösteririm çünkü bana bu şekilde yapmam gerektiği söylenmiştir. Kişisel olarak, bu tarz çalışmalara isteğim yoktur fakat gitgide, onlara şükür ki doğamın ötesine gitmem gerektiğini anlamaya başlıyorum. Bunu başarmak için, diğerleri ile bağlantı kurmaya söz veriyorum.

Grup, özetle, birkaç kişi bir araya geldiği ve aralarında, her birinin doğası üzerinde yükselmeyi istediklerine karar verdikleri anda ortaya çıkar. Bunu başarmaları ancak sevgiyi, diğerleri için olan, kişinin kendi dışına çıkmasının ifadesi olan sevgiyi geliştirmelerine bağlıdır. Ve bu yüzden kendi aralarında, onlara sevginin özelliklerini edinmelerine yardımcı olacak çalışmaları yerine getirmeye gönüllü olmaları hakkında bir anlaşma yaptılar, zevk için olan arzudan maneviyatın içine, ihsan etme arzusuna gelmek için.

Eğer insanlar bu şekilde birbirlerine yardım etmeye hazır hale gelirlerse, şunun farkına varırlar: şükürler olsun ki bu karşılıklı yardımlaşmaya, her biri birleşmiş gücü edinir ki, bu onların birleşmiş çabalarının sonucudur ve o zaman bir grup olarak adlandırılırlar. Eğer, diyelim ki, on kişi bir araya gelsin ve her biri kendi dışına çıkmak istesin, o zaman her biri kendi bireysel gücünün on katı daha büyük bir güç alırlar ve bu ona Saran Işığı çekmesine yardımcı olur. Bu çalışma sırasında, bir araya geldiklerinde ve doğru niyet ile

Michael Laitman

çalıştıklarında, onlara yardımcı olan Işığı çekmek için. Işık her biri üzerine çalışır, tek bir bireyin kendi başına çekeceği Işıktan on kat daha güçlü. Ve bu, kalpte bir nokta geliştirmek, onu manevi dünyaya dönüştürmek için yeterlidir.

Fakat eğer bir birey ya da toplum böyle bir çalışmayı yerine getirmezse, o zaman maneviyata ulaşmak imkânsızdır. Başka bir şans yoktur. Hiçbir zaman bireysel olarak, düzeltme için yeterli nicelik ve nitelikteki Saran Işığı çekme gücünüz olmayacak. Bu sadece grubun yardımı ile mümkündür.

Neden? Çünkü bu sayede sadece diğerleri için olan sevginizi ifade etmiyorsunuz, aynı zamanda gerçekten Saran Işığı çekmek istediğinizi de gösteriyorsunuz ve bu sayede o sizi düzeltir. Hepsi birlikte gelir: Ben kendi dışıma gelmek istiyorum ve bu arzumu arkadaşımı sevmeyi deneyerek ifade ederim. Ve eğer birlikte, gerçekte arzumun kendi dışıma çıkmak için olduğunu ifade etmeye çalışırsak, o zaman, açıkça, Saran Işık benim üzerimde çalışır ve bana yardım eder. Bana ait olan bu çalışmadaki her iki faktörde, bu eğilim var. Eğer, diğer yandan, burada ve orada nasıl fayda sağlayacağımı düşünerek, maneviyatı ve Saran Işığı isteyerek, çalışırsam yanıt olarak ne gelecektir? Çabamın sonucunda Işığa ne kadar ters olduğum gösterilecektir.

Bunu ihsan etmek için şiddetli bir arzu duymak izler, açık ve anlamı net bir şekilde arzu duymak, özellikle onun için şiddetli bir arzu duyduğunuzun güveni ile, başka hiçbir şeyle değil. Bunu sizi izleyen arkanızdaki arkadaşınıza gösterebilirsiniz. Eğer arzunuzu ihsan etmek için gösterirseniz ve gerçekten bu kuvvetin gelip size bu özelliği bahşetmesini isterseniz ışık ortaya çıkar ve bunu

Michael Laitman

Niyetler

gerçekleştirir. İşte bu, çalışma olarak adlandırılır, grup içinde yerine getirilir. Özetle, sistem budur. Bunun dışında başka bir şey yoktur fakat bu son düzeltmeye kadardır. Kabalist Şimon Bar Yohay'ın grubunun bir parçası olarak görün kendinizi çünkü aynı çalışmayı gerçekleştireceksiniz. Son Islahımıza dek, dünyadaki Sonsuzluğun son etkileşimine kadar, kişi diğer ruhlar ile ilişkide aynı tür çalışmayla meşguldür, ta ki onlarla hep birlikte Adam HaRişon olarak adlandırılan Sonsuz Kli'de bir araya gelene kadar.

Özetle, yolumuzda yukarı doğru yükseldiğimiz tüm 125 dereceler, kişiden arkadaşına, diğerlerine yönlendirilmiş olan sevgiyi edinmeyi temsil eder. Bunun dışında başka bir şey yoktur. Bunun sayesinde tamamen aynı düşünceyi yaratılışa doğru doğurmuş olan Yaradan'ın doğasını ve özelliklerini edinmiş oluruz, Yaradan ile denk hale gelmiş olursunuz ve sonuç olarak gerçekten onun seviyesini, onun şeklini edinmiş olursunuz. O size sahip olduklarını vermek istiyor ve siz gerçekten Yaradan'ın sahip olduklarını aldığınızda o noktaya gelmiş olacaksınız ki bu "Yaradan" olarak adlandırılan seviyede mevcuttur. Bu Yaratılış'ın amacıdır; iyiliği yarattıklarına vermek. Ve tabii ki de, yaratılan canlı eninde sonunda zevke yönelik olan orijinal arzusuna kesinlikle bağlantısı olmadığını almayı ve hissetmeyi gerçekleştirir. Yaratılan varlık, zevke yönelik olan arzusunun ötesinde bir şeyi edinir.

(Ders Aralık 12, 2004)

52) Grup içinde çalışma olmadan "alma"nın ve "ihsan etme"nin ne demek olduğunu belirlemek imkânsızdır. İnsanlar bir araya gelirler ve kendi aralarında çalışmaya başlarlar, çünkü bu çalışma onlara görünmez olan hedefe doğru pozisyonlarını netleştirmeye izin verir.

Niyetler  Michael Laitman

Şimdi, bir kürenin içinde, kapalı bir uzayda yaşıyoruz. Kendimizi dışarıya doğru, uzaktaki bir yıldıza yol alıyormuş gibi, rotamızı amaca doğru tam ayarlayarak yönlendirmeliyiz. Kabalistler bize şunu söylerler, eğer her birimiz sevgi üzerine çalışırsak, eğer her birimiz kendimiz yerine diğerlerini düşünürsek, bu, bizim içsel eğilimimiz olur ve kesinlikle bu bizi doğru yönlendirecektir, amaç, Yaradan'dır. Sizin için parıldayan yıldızı görmek zorunda değilsiniz - sadece böyle bir ilişkiyi kendi doğanız içinde inşa etmeye başlayınız. On, yirmi ya da otuz dost var. Yaradan bunu öyle bir ayarlar ki, doğru yönü keşfetmek için şiddetli arzu duyan arkadaşlardan oluşan bir grubumuz olur.

Kapalı kürenizin içinde yönü göremeseniz bile doğru yaklaşımı inşa edebilirsiniz. Kendinizi doğru yönlendirebilirsiniz. Rotanızı doğru çizmek için tüm koşullara sahipsiniz.

(Günlük Makale, Aralık 29, 2004)

53) Özellikle amaca doğru çalışmalısınız, defalarca yaptığınız çalışma sizi doğru düşünceye getirecektir. Iskalamak imkânsız gibi bir şeydir. Ancak, yalnız başınıza bilmeye, kendinizi analiz etmeye muktedir değilsiniz. Ancak bu değerlendirme grupta sizi saran dostların arasından yapılırsa, siz de kesinlikle onların yaptığı gibi yapar ve düşündüğü gibi düşünmeye başlarsınız.

Bizim problemimiz, herkesin kendini bağımsız hissetmesi ve grubun amacına, "köle" haline gelmemesidir. Grup kişiyi etkileyerek onu bütün özüne dönüştüremez. Grubun amacının her bir üyesine ilişkin gerekli olduğunu

Michael Laitman

Niyetler

grup kişiye ifade etmez. Niyetimiz ortak bir kap inşa etmeyi içermez. Aksi takdirde, herkes gruba, elleri kelepçeli zincire vurulmuş halde olurdu; sağlam prangalar onu içeride tutar ve kişi ayrılmazdı, farklı bir şekilde düşünemezdi. Eğer grubun düşünceleri bu şekilde olsaydı o zaman bu durum kişi için mecburi hale gelirdi. Ne de olsa, bu düşünceler kesinlikle dünyanın geri kalanının düşüncelerini baskı altında tutacaktı.

Tarihteki örneklere bakınız: komünistler, Naziler, komün hayatı oluşturan sosyalistler – düşünceler onları güçlü bir şekilde birleştirdi. Kimse bundan kaçabilir miydi? Eğer düşünce güçlü ise, böyle bir topluluktan kaçmak çok zordur. Ve nereye gideceksiniz? Hemen dipsiz bir kuyuya düşersiniz. Eğer grubun arzusu varsa, bu tarz koşulları herkes için yaratabilir.

(Ders Şubat 25, 2005, Merdivenin Basamakları, 1.Bölüm, Makale 503)

54) Ortak bir amaç ile şarj olduk ve sadece onunla değerli olabileceğiz. Hiç kimse kişisel bir görevde değil. Tek bir kişi bile burada kendi hesabına bir şeyi hak edemez. Bunu unutun; hepinizi uyarıyorum. Eğer Yaradan ile kişisel bir işi olduğunu sanan varsa bu kişi için yazıktır. Hayır! Sadece hepiniz birlikte. Ben sadece dikkatinizi buna yönlendiriyorum ve size bir grup olarak yön gösteriyorum. Tek başına kimse buna layık olmayacaktır.

Bu dünyada döneceğimiz hiç kimse yok, yaslanabileceğimiz kimse yok, sadece Yaradan var. Bu, olması gerektiği gibidir. Aynı zamanda bana da güvenmemenizi öğretiyorum, sadece O'na güveniniz. Hep beraber birlik olmalıyız. Sonrasında bunu gerçekleştirerek neye değer hale geldiğimizi göreceğiz. Eğer şimdi sıkı çalışırsak, önümüzdeki kongreye odaklanırsak, kendimizi

Niyetler — Michael Laitman

ve küresel grubumuzu birleştirmeye çalışırsak, kendi "hazne"mizden ayrılmaya çalışırsak, - bu var olduğumuz sıkışık, dar alan, eğer bu dar geçitten çıkarsak ve aydınlanmış dünyaya girersek, karşıya geçmeye şiddetli arzu duyar ve orada Yaradan ile bağlı bir şekilde yaşamayı arzularsak, kendimizi kaybedersek – o zaman gerçekten Mısır'dan çıkmaya değer hale geliriz.

Bunun yakın gelecekte gerçekleşeceğini gerçekten umuyorum. Bana inanın, bu açılışa sizlere eşlik etmek, bu geçişe size rehberlik etmek ve sizleri diğer tarafta karşılamaya getirmek ve bunun ne olduğunu – tüm Işığı ve bolluğu, bu dünyada ölümü deneyimleyen, insanoğlunun geçtiği, bu dar geçidin, limitlerin ötesinde var olan tüm bu düzeni göstermek istiyorum. Bu çok zordur. Rabaş'a yakın olanlardan, onun nasıl çığlık attığını duydum. Rabaş'ın çok gergin olduğu ve çok bağırdığı bir dönemin olduğunu söylediler. Dışarıdan gözleyerek, ona gerçekten ne olduğunu anlayamadılar. Bu çok zor bir şey, fakat umarım ki, sizlere öbür tarafa rehberlik etmeye değerli olacağım. Ve siz gerçekten öbür tarafta olduğunuzda, o zaman ben görevimi başardığımı hissedebileceğim.

(*Yeni Ay yemeği, Ekim 14, 2004*)

55) Sadece gruba ihsan etmek kayıtsız şartsızdır. Eğer, grup içinden, kişi, "Yaradan" dediği ile "kontağa geçerse" – o Yaradan değildir. Bu kendi egosunu hissetmesinin kesin kaynağıdır. Kişi sürekli almak için ne yaptığını kontrol ederek alma eğilimini gruba göre büyütmelidir. Gruba, kendine ihsan eden kuvvete ait olmak gibi ait olmalıdır. Kişi sürekli, içinden kendini grup ile bağ kurmaya karşı ya da alakasız konular hakkında düşünme sınırlarını daralttıkça – "sevgi hastası" (Mecnuna dönmek) olarak adlandırılan duruma yaklaşır. Eğer kişi Yaradan'ı İhsan Eden olarak hayal edebilirse ve grup sayesinde gelişmeye hazırsa, eğer grup sayesinde gelişim,

Michael Laitman  Niyetler

gözlerinde, İhsan Eden'in özelliklerine doğru gerçek gelişimse, o zaman "sevgi hastası" olarak adlandırılan duruma ulaşır. Eşitlik biçimine göre, Yaradan'ı sever, onu arzular. Bu hâlâ "suni" bir durumdur, hâlâ kendisi için menfi bir durum ile karışıktır, ancak, bu durum gerçek hedefe doğru yönlendirilmiştir. Sonrasında Yaradan kişiyi uyandırır ve kişi karşı tarafa geçmeye başlar.

(Günlük makale, Ocak 10, 2005)

57) Birkaç gün çeşitli çalışmalarda yer almak için arkadaşlarınız ile bir araya geldiğiniz zamanlarda, eğer bu uzun süren bir aktivite ise – Sitrin'de olduğu gibi – ya da birkaç dakikalık bir andan fazla ise, bir festivalde birlikte şarkı söyleyip, dans ederken, kendinizden çıkmanın ne kadar iyi olacağı ile ilgili ilham almış olursunuz. Enginlik içerisinde eridiğinizi ve alternatif bir hayatın içine girmenin sınırsızlığını hissedersiniz. Bu tarz izlenimler gitgide içinizde birikir ve bunun için yaşamaya değer olduğunu anlamaya başlarsınız. Bu anlayış hâlâ egoistçedir ancak, bu Lişma'ya (Yaradan'ın rızası için) götüren Lo Lişma'nın bir tipidir. Kendinin dışında olmanın ne demek olduğunun kesin bir algılamasıdır. Algılama, hâlâ almanın kaplarını kullanmanın bir gelişimidir; ancak zaten buna değer olduğunu anladınız. Bu nedenle, eğer kafanızı bunun içine koyarsanız ve grupla olması gerektiği gibi çalışırsanız, bu tarz izlenimleri gitgide daha fazla alırsınız. Sonuç olarak, "ölüm böyle yaşamaktan daha iyidir" dedikleri bir durumu elde edersiniz.

Yaradan, kişinin kendisinden çıkışı denilen özel bir histir. Bu his kesinlikle kalbi kırılmış olanlar içindir. Yaradan sizi grubun içindeki çalışma ile içine çektiği bir durumdur - Yaradan'ın ne demek olduğunu anlatan bir koşul. Bu tarz

bir konsepti herhangi bir şeyi hayal etmek için kullanırız ve burada da durum farklı değildir.

Kendinizin dışında olduğunuz bu durumda gizli olan haz için gayret gösteriyorsunuz. Sadece zevke itibar ediyoruz. Daha büyük ya da daha küçük bir haz, teslimiyet ve ihsan etme – Her şeyi daha fazla ya da daha az zevk olmasına göre ölçeriz. Bizim için başka ölçü birimi yoktur – bunun için sadece benim "ağırlıklarım" yararlıdır.

Çağrıyı hissetmeye başladığımız zaman – sınırsız bir arzu ile diğerlerine karşı iyi düşünceler ve iyi hisler deneyimlemek için; onları severek sınırlamalarımızın ötesine gitme fırsatını yakaladığımız zaman, acılarımız ve kötü hissettiğimiz her şeyin içerisinde gizlenen çok özel bir zevk olduğu hissine geldiğimiz zaman – Lo Lişma durumuna geliriz. Sonrasında, bu Lo Lişma içerisinden Lişma hissi ortaya çıkar. Hâlâ bunun içinde mükemmelliği elde edemeseniz bile bu durumun ne olduğu ve ne anlam taşıdığını hissetmeye başlarsınız. Zamanla bu tür durumlar oluşmaya başlar ve algılama şekillenir. Bu kendinden çıkma arzusundan kişisel en ufak bir düşünce ve varlığıyla ilişkisi hiç olmayan bir dilek yükselir ve bu tamamen yeni bir arzunun oluşumu ile sonuçlanır. Bir evvelki arzu ile hiçbir şekilde bağlantılı olmayan bir arzu. Bu tarz bir arzu gelişimi, direkt Işığın dört fazının genişlemesine benzemektedir. Süreç bu şekilde işler. Ancak, yavaşça gelişir, adım adım, grup içindeki çalışmaların aracılığıyla. Başka bir yol yoktur.

Yaradan gizlenmiştir. O'nun zevk veren olduğu gerçeği bile gizlenmiştir ve aynı zamanda O'nun ne verdiği de. Yine de, bu size ihsan etme arzularınızı geliştirmeniz için verdiği bir sahadır – eğer bu şekilde değerlendirirseniz. Başka

Michael Laitman  Niyetler

hiçbir yer yok. Size parçalara ayrılmış bu ilk insan Âdem'in ruhunun özel yapısı verilmiştir – ilerleyin ve çalışın. Burada çalışmaya başlayarak, size gitgide gerçek resmi gösterecek olan saran Işığı ifşa edeceksiniz. Çok basittir: başlangıçta ruhlar seviyesinde, tek bir ruh olarak birbirimizle bağ içerisinde yaratılmıştık; hâlbuki şimdi sadece bedeni hissediyorsunuz, ruhu değil. Bu durum farklı değildir. Bu sizin faydanızadır. Şimdi eyleme geçin.

Yaradan bu yapı dışında bir şey yaratmadı. Bu, tamamen sizin düzeltilmemiş durumunuzla ilgilidir, Adam HaRişon'un (İlk insan Âdem) ruhu (kabı) size arkadaşlarımızın vücutları şeklinde görünür. Bu sistem sayesinde düzeltilmeye bağlanırsınız. Dünyada kişiye doğrudan bağı olan birçok vücut vardır. Onlara ilişkin hiçbir çalışma yapmanız sizden istenmiyor. Sizin ilgilenmeniz gereken sadece çalışmanızı sizin için bozmamalarıdır, oysa siz onları endirekt olarak çabalarınız içerisine dâhil edersiniz, bu sayede gelecekte onlar da değişmeye bağlanacaklardır. Grup, Âdem'in ruhunun tümünü temsil eder – bu, çalışmanız için verilmiş bir alandır.

Çabalarımızda beninizin dışına arkadaşlarımızın içine doğru gitmeniz için, yavaş yavaş bunun ne kadar iyi ve buna değer olduğu konusunda bir ilham alırsınız. Sonrasında kendinizin ötesine gitmeyi tamamen amaçlamanın boyutunun, kendi çıkarınız için hiçbir beklenti olmadan ne kadar önemli olduğunu anlamaya başlarsınız. Eğer belli bir sayıda kişi bu şekilde düşünürse ve çabalarının gücü yeterliyse sonrasında bu, gerçekte karşılıklı garantinin durumudur.

(*Sabah dersi Ocak 11, 2005*)

Niyetler — Michael Laitman

58) Sistem basittir: tüm ruhların toplamıdır. Eğer kişi başka hiçbir seçeneği olmadığına ikna olmuşsa ve çaba sarf ederse, sonrasında ilk olarak, yukarıdan yardımı uyandırmak için harekete geçmeye başlamanın zamanı olduğuna dair emin olmalıdır. Kişi kendini kullanır, hataları yaşar, durur ve kaçar, ancak, bu onun için önemliyse sonrasında büyük bir işkence çekmeye hazırlanır. Düşünmeye başlar: "Bana ne oluyor? Neden en önemli olan hakkında düşünmüyorum? Neden elim boş hayatım sona ermesin diye, hayatımın buna bağlı olduğunu inkâr ediyorum?" Kişi endişe etmeye başlar ve eğer endişesini, aynı problem ile yüz yüze olan gruba doğru yansıtırsa, sonrasında yukarıdan yardım alır ve ihsan etmenin önemi ona ifşa olur; egosunun ötesinde var olan dışındaki arzunun önemi. Gerçekte bu, Kap (arzu) değildir, fakat yerine ihsan etmek için niyettir. Bu şekilde, adım adım, kişi bu yeni durumuna, kendi kabuğundan çıkabilme yeteneğine değer vermeye başlar ve gitgide bunu yerine getirir.

Çalışmaların sıralaması şu şekildedir: grup ile birlikte kitaplar ve çalışma sayesinde çaba göstermek ve bunun olmasını istemek – ve sonrasında da olacaktır. Çabalar sadece bu sonucu hedeflemelidir ve başka hiçbir şey hakkında endişe edilmemelidir. En kısa zamanda bu gerçekleşecektir, bize karşılıklı garanti verilecektir. "Arvut" makalesinde denildiği gibi, bu durumun tatmininin üzerine, Üst Güç anında kendini halka ifşa etti ve maneviyatı edindiler (Yaradan'ı ifşa ettiler). Her şey hazırdır ve sizin çalışmanızı beklemektedir.

(*Günlük makale*, Ocak 23, 2005)

59) Bir keresinde bayramda Rabaş ile birlikte, olağandışı bir şey hissettik. Ona şunu sordum: "Neyi atlıyoruz?"

Michael Laitman

Niyetler

Grupta hepimiz tek bir arzudaymışız gibi hissediyorduk. Özel bir bağlantımız olmadığı gerçeğine rağmen, yine de bu tek arzu ortaya çıkmıştı. "Bu durumda ne eksikti?" Şöyle cevap verdi: "Bir saldırı". Şimdi sonuna kadar gideceğinize karar vermelisiniz ve bir saniye sonra kararınızı değiştirecek olmanız önemli değildir. Buna yeteneğinizin olmadığını bilseniz bile yine de bu anda bununla devam etmeye karar verirseniz, bu yeterlidir. Baal HaSulam bununla ilgili olarak "Şamati" kitabında yazmıştır: "Kişi şu anda nerede olduğuna göre yargılanır". Başka bir deyişle, kişi kararını verdiğinde, yargılanmasına göre bu, gerçek haline gelir. Bu amaçla, tüm aptallıklarınızı bırakmanızı tavsiye ediyorum. Hepiniz buradasınız, sadece tek bir araç dışında başka hiçbir şey müsait değildir – arkadaşlar ve birleşmiş bir grup. İçsel olarak kendinizi mümkün olduğunca, yapmaya çalışmış olduğunuz bu çalışmada, derinlere daldıkça diğer her şeyden bağlantınızı koparmanız gereklidir ki onun farkına varabilesiniz ve içinde kalabilesiniz. İşte bu, saldırıdır. Atak daha büyüktür ve büyük bir içsel odaklanmadır. Başaracağımızı umalım. Her şey size bağlıdır. Bu noktaya, hepimiz içsel konsantrasyonumuzu odaklamalıyız ve tek bir amaç için arzu duymalıyız. Onu istiyoruz ve onu derhal şimdi istiyoruz.

Kişi, çeşitli dışsal olayların etkisi karşısında, içsel konsantrasyonunu nasıl koruyabilir? Eğer konsantre olur ve bir nevi dışarı hiç ışık bırakmayan bir "karadelik" olmayı dilerseniz, eğer içsel olarak bir araya gelmiş olan hepiniz, hep beraber konsantrasyonunuzda bir çaba uygulayabilirseniz o zaman bu sayede hiç kimse düşüncesini başka bir şey üzerinde kaybetmeyecektir – bu tarz bir etki herkes üzerinde olacaktır, bazen Sitrin'de olduğu gibi. Bunun ötesinde başka bir şey yoktur. Bu yapmanız gerekendir. Bu konsantrasyondur, patlamış bir balonun kuvvetidir.

Niyetler

Michael Laitman

Çalışmanın hiçbirisi Yaradan tarafından gerçekleştirilmez, hepsi duanın parçasındandır. Yukarıdan bunun üzerine bir yönetim yoktur.

(Aralık 2, 2004)

60) Dış dünyaya adım attığınızda, arkadaşlarınızı ve grubu görüş alanınızdan kaybettiğinizde, hedefe odaklanmak çok zor bir hale gelir. Size farklı bir ruh hali getirerek, hayat gözlerinizin önünde dünyada devam eder. Dışarıdaki olaylara alıştığınızdan başka şeylerle ilgilenmeye, düşünmeye başlar farklı bir koşula gelirsiniz. Buradayken tüm grup arkadaşlarınız ile çalışırsınız ve belirli bir formata dalarsınız. Dış dünyadayken, farklı sınırların içine düşersiniz.

Bu yüzden daha fazla odaklanmalı ve birbirimizi hissetmeliyiz. Sonrasında buna kapasiteniz olmasa bile, diğerleri etkilerini sizin üzerinize uygulayacaktır ve çok sayıda basamaklara doğru gidebileceksiniz ve uygun içsel analizlerinizi koruyabileceksiniz.

Ders sırasında, içsel bir his edinirsiniz – bu hissi her yerde korumayı deneyiniz. Arkadaşlarımlayken bunu nasıl korumaya çalıştığımı hatırlarım. Hepsinin üzerinde, hislerimizde, bulunduğumuz yerdeki değişiklikleri göz ardı edebilmeyi denemeliyiz.

Dışsal eylemlerinizden içsel çalışmanızı ayırmayı deneyiniz. Bu kolay değildir. Muhtemelen, fiziksel zevk için olan serbest dürtüyü onlardan ayırmak dışsal hareketlerinizi kısıtlar. Hatta bu bir eylem ile paralel ise, içsel olarak doldurmayı korumaya devam edersiniz ve bu

sırada dışınızda mutluluk gösterirsiniz, bu sayede diğerleri içsel ciddiyetinizi hissedemezler, sonrasında aniden parçalardan ve tabakalardan oluştuğunuzu keşfedersiniz. Bu deneyimlenilmesi gereken çok etkili bir alıştırmadır.

Ciddiyetiniz ile ve "doğruculuğunuz" ile diğerlerinin huzurunu kaçırmamak için dikkatli olunuz. Aniden, içinizde bir "niyet" doğar ve özel bir konsantrasyon talep edersiniz – bu, kesinlikle yasaktır. Arkadaşların bir araya geldiği sırada, kesinlikle Rabaş'ın tavsiye ettiği gibi davranmalısınız: İçsel olarak yanan bir ateş, dışsal davranışınız mutluluk ve dostları canlandırmaya yönelik olmalıdır – bu, hepimiz için mecburiyettir.

Bunu doğru bir şekilde oynamaya başlayın, sağlamlaştırma sayesinde, yeni arkadaşlar ile, grubun birleşmesini ve Kli'nin parçalarının birleşmesini başaracağız. Tıpkı bir patlamada olduğu gibi: parça üzerinde oluşan daha büyük bir basınç uygulandıkça, içsel enerji daha fazla açığa çıkar.

(Aralık 1, 2004)

61) Bizden çok uzakta yaşayan birçok arkadaşımızı ekranlarda görüyor olmamıza rağmen, maddesel koordinatlarımızın kesişmesine aykırı bir şekilde sadece kalplerimizin ve ruhlarımızın birleşmesi ile ilgilenmeliyiz. Eğer Üst Işık tarafından gerçekleştirilen birleşmeyi hissedebilirsek, eğer Üst Işık bizi gerçekten birleştirirse – birbirimize çok yakın hale geleceğiz, kendimizi tek kalpte tek insan gibi hissedeceğiz. Ortak duyguları ve düşünceleri deneyimleyeceğiz. Birbirimizin yanında oturmuyoruz şeklinde bir hissimiz olacak fakat gerçekte birimiz diğerinin içinde yaşayacak, kesinlikle birlikte olduğumuzu

hissedeceğiz. Bu, ulaşmamız gereken sonuçtur ve herhangi bir mesafe ile ilgisi yoktur.

Hedefimiz maneviyat ile bizleri ayıran uzaklıkları örtmektir, fiziksel olarak değil ama maneviyat sayesinde birleştirmektir ki bu sayede düşüncelerimiz ve arzularımız tek bir manevi uzayda, bir, haline gelecektir.

(Bayram Yemeği Konuşmasından, Ocak 24, 2005)

62) Hesap TES bilgisine ya da diğer kitaplardaki bilgileri bilmeye bağlı değildir. Sadece basit tek bir koşul vardır ve şu şekildedir: önümüzde yükseleni başarıyla gerçekleştirmeyi kabul edebileceksek ve bu saf kararı konuşabileceksek. Hepsi budur. Kitaplardaki bilgileri ne kadar bilseniz de bu size yardımcı olmaz. Deneyim kişiye herhangi bir avantaj vermez ve gerçekte sadece sorumluluk olarak hizmet eder.

Sadece tek basit bir gereklilik vardır: kendinizi bulabileceğiniz herhangi bir yer – yolunuzdaki her noktanızda, herhangi bir durumda – emin olarak Yaradan ile bağlantıyı başarmayı talep etmelisiniz. Hazır olduğumuz söylenebilir. Kendimizi başka bir şey ile silahlandırmamıza gerek yok; çeşitli özel farklılıklar anlamında eksik hiçbir şeyimiz yoktur – her şey tamamen arzuya bağlıdır. Bir atak gerçekleştirmeliyiz ve başaracağız. Her şey kararımıza bağlıdır.

Sanırım buna muktediriz ve bunu başarabiliriz, görüyorum ki burada kalpleri ve ruhları ile bunu gerçekten arzulayan insanlarımız var. Birbirimize ilham verirsek, sadece birkaç anlığına bile bu arzuyu başarabilirsek, böyle

Michael Laitman  Bnei Baruch Eğitim ve Araştırma En

Niyetler

anlar Yaradan'ın ifşasına gelene kadar çoğalacağından, çok büyük bir fayda getirecektir. Bizden talep edilen gerçekten çok küçüktür; bunu tüm kalbimizle arzulamak. Tüm bunlar her birinin kalbi arkadaşına yanıt beklemeden açılmayı istemek için gereklidir. Basit olarak kalbinizi eriterek, içinizde sahip olduğunuz her şeyi diğerlerine dökmeniz gereklidir – kendiniz için hazırlamakta olduğunuz her şeyi, arkadaşınıza veriniz. Bu, hepimizi başarılı yapacaktır.

(Sanal Kongre, Ocak 20, 2005)

63) Kendimi arkadaşlarıma nasıl göstermeliyim ki bu sayede yanıt olarak, maneviyat için arzu alabileyim? Belki, onun için bana olan arzusunu ifade etmek için, onun içinde harekete geçmesi için bana yönlendirilmiş bir çağrı uyandırmalıyım. Ya da belki de, bana dikkat bile göstermemelidir – belki de bu sadece benim ona olan yaklaşımımdır ki bu ondan manevi arzuyu çıkarma olasılığımı belirler. Her ikisi de doğrudur. Bizler Yaratılışı çevreye bir tepki deneyimleyen olarak açıklıyoruz. Kendimi maddi bir seviyede bulurum ve bu benim için zorunludur - ki arkadaşlarım benim üzerimde bir etki gösterebilsinler. Arkadaş buna mecburdur, arkadaş basitçe tüm olası dışsal işaretleri yansıtmaya mecburdur ve bu yüzden beni etkiler. Aksi takdirde o arkadaş değildir. Henüz, ondan aldıklarım aslında bana bağlıdır. Rabaş tekrar tekrar bundan bahseder: anahtar ne kadar sıfırı arkadaşlarımdan birinden sonra koyduğumdur; hangi ve neden kendimi bu hedef için sıfırladığımın derecesi; karşılığında ne istiyorum – tüm bunlar kabı oluştururlar ve kabın şekli sonrasında içini dolduran Işığın şekline neden olur. Arkadaşlarımızla ilgili olarak ne yapacağınız ile alakasızdır. Bilmeniz gereken tek şey onlardan bir şey almak arzunuzda onlara bağlı olduğunuzdur ve kendinizi onlardan önce bu hedef için sıfırlamaya hazırladıysanız – bu yeterlidir.

Niyetler

Michael Laitman

Arkadaşlarınızdan önce "Kendinizi sıfırlamak için", sürekli olarak sizden daha yukarıda ve daha önemli olduklarına aynı fikirde olmaya hazır olduğunuz anlamına gelir - ki onların ihtiyaçları herhangi bir örnek için sizin kişisel ihtiyaçlarınızdan daha önemlidir. Sizin için değerlidirler. Neden bu kadar önemlidirler? Çünkü hedefiniz aynıdır – Yaradan.

Arkadaşlarım ile olan ilişkimi tanımlayarak, ihtiyacım olanı onlardan alarak kendi arzumu şekillendiririm ve sonrasında kendim ve Yaradan'a doğru yaklaşımımı geliştiririm – kesin olarak bu şekil her şeyi belirler. Bundan ötesi yoktur. Sonrasında aslında Üst Işığın okyanusunda varolduğunuzu keşfedeceksiniz. Niyet neyse, şekliniz odur.

(Günlük makale, Ocak 3, 2005)

64) Kişi yükselişleri ve ilhamları soğumadan manevi dünyaya hızlıca ulaşmak adına nasıl kullanmalıdır? Rabaş sadece tek bir şey söylemiştir: bu bir saldırı sorusudur.

"Saldırı" ile denmek istenen, herkes kalbine saldırıyordur, saldırıyı kendisi için hiçbir şeyi göz önüne almayarak ve diğerleri ile ilgili tüm göz önüne alınan düşünceleri sıfırlayarak diğerlerine nişan alıyordur. Hepsi budur. "Saldırı" arkadaşlarımızın ne yaptığı fark yaratmayıncadır ancak siz işinizi bitirmek için bir mecburiyet hissedersiniz. Kalbinizde diğerlerine ilham verirsiniz. İşte bu saldırıdır ve buna şükür ki, başarılı olacağız. Gerçekten ümit ediyorum ki bunu kendimize kabul edeceğiz ki kalplerimizde herkes ilham ile diğerlerini etkileyebilecektir.

(Sanal kongre, Ocak 20, 2005)

Michael Laitman

Bnei Baruch Eğitim ve Araştırma E

Niyetler

65) Herkes kendini grup için sorumlu hissetmelidir. Tek bir an için bile gitmesine izin verirse o zaman tüm grup da ondan gitmesini sağlar. Eğer uyanırsa, o zaman herkes de uyanır. Kişi bir an için bile olsa başka bir şeye dikkatini vererek sorumluluğu kaybetmemelidir ve bir sonraki adımının grupta nasıl yansıyacağını göz önüne almalıdır. Bu zordur, yine de bir şekilde göz önüne alınmalıdır.

Anlıyorum ki biraz tereddüt duymak mümkündür. Ben de bunlardan geçtim. Yine de herkes bunun hakkında düşünmeye ve hepsini göz önüne almaya ve kendini yüksek hazırlık seviyesinde tutmaya mecburdur. Kişi kendisi hakkında hiçbir şey yapmaya muktedir değilse bile, kendinin ne derecede güçte olmadığını, krizin derinliğini görmesi önemlidir. Bundan gelecek için öğrenecektir.

(Yeni ay yemeği, Ekim 14, 2004)

66) Bizleri bağlanmış hale getirecek daha çok çeşit düşüncelere ihtiyacımız var. Her birimiz ihsan etmeyi başarmayı düşünüyoruz – Yaradan ya da maneviyat. Herkes bunu kendi yolu ile açıklar. Ancak, kaçırdığımız şey "grubun duası"dır, bu, kişinin arkadaşları olmadan ve tüm grubun arzusuna dâhil olmadan duasına yanıt almayacağının anlayışıdır.

Çalışma ya da başka bir anda Yaradan'a döndüğümüz zaman, unutmamalıyız ki, bizler hep beraber, Yaradan sadece ortak arzuda, ortak soruda, ortak duada ve her birimizin tüm arzularını içeren ortak yalvarmada ifşa olabilir anlayışıyla aynı şeyi düşünüyor ve arzuluyoruz. Bu tekilliğin algılanması temel nokta haline gelmelidir. Buradan başlarız ve sonrasında yalvarmamızı yükseltiriz. İlk önce, aşağıda "kendi"lerimizin arasında ve arzularımızda

Michael Laitman

birbirimize dâhil haline geliriz. Sonrasında birbirimizle bağlantılı olduğumuzu anlayarak, karşılıklı garanti yoluyla yalvarmamızı yukarı doğru kaldırmaya başlarız.

Aynı zamanda, tüm topluluğu kendimize kattığımızı açık hale getirecek, deyişlere ve söylenenlere bakmak bizim için değerli olacaktır ve bunun içinden ortak duamızı yükseltiriz – "topluluğun duası". Sonrasında, bu duanın, tüm bireysel yalvarmalara ve her bireyin kişisel çabalarına göre ne kadar daha çok etkili olduğunu göreceğiz ve algılayacağız.

(Ocak 20 Dersi, 2005)

67) Yaradan'ı büyük olarak ve grubun hocası olarak kavramalıyız. Ondan, bize algılamanın detaylarını ve nitelikleri vermesini ve ihsan etmenin ve sevginin çoklu algılamasına sahip olmamıza yardım etmesini talep ederiz. Bundan daha fazlası değil. Herkes Yaradan'ı kendi içindeymiş gibi kavramalıdır. Kendinizi, grubu ve Yaradan'ı birlikte, detayda hiçbir farkı olmayan tek bir parça olarak algılamalısınız. Sen, arkadaşın ve Yaradan hep berabersiniz. Eğer kişi bu durumu kendi hedefi olarak korursa ve kendinde, gruptan ve Yaradan'dan her şeyin özellikle bu şekilde olmasını talep ederse o zaman bu gerçekleşir.

(Sanal Kongre, 20 Ocak, 2005)

68) İlk olarak kendi aramızdaki işe odaklanmalıyız. Ne kadar güçlü olursak o kadar iyi medya yapıları üretebileceğiz. Sahip olacağımız kuvvet, içimizde yanan bir ateş gibi olacaktır, her yerde daha güçlü hissettirecektir. Bu yüzden her şeyden önce kendi birleşmemiz ve çalışmamızın niteliği üzerinde çalışmalıyız: arzu ve niyetimiz açık, keskin

olmalıdır ve mümkün olduğunca çok, tek hedefe doğru yönlendirilmelidir – tek adam, tek kalp olarak. Dışarıdaki herkes bunu bilinçaltından hissedecektir. Buna ait olan kişiler – hedefe – bize gelecekler; sadece hâlâ bazı şeyleri çözmeleri gereken kişiler değil.

Hedefe daha çok odaklandıkça, birbirimizle daha çok birleşmiş hale geliriz, daha çok grubumuz belli bir "frekans"a uyumlandıkça, bunları etkileyecek, buna ait olan kişi buna kendini yakın hissedecek. Sadece onlar gelecek. Hâlâ mistisizm ile ilgilenen ve mucizeleri bekleyen kişiler değil.

(Yeni ay yemeği, Aralık 12, 2004)

69) Bugünden başlayarak ileriye doğru, her birimiz sorumluluğu hissetmeliyiz; Işığın açık olduğunu hissederek her an Yaradan ile bağlanmaya sadık olunmalıdır. Öteki tarafta ayağa kalksın. Yaradan'ın olduğu tarafta. Genel olarak, "ben"in mevcut olmadığı yere gidin, düşüncelerinde, arzularımızda, varlığımızda ve eylemlerinizde Yaradan ile bağımızın olduğu yere doğru olun – kendinize menfi hiçbir beklenti olmadan. Bu her birimizin hissetmesi gereken şeydir, her saniye bu yöndeki düşünceleri inşa edersek bundan sonra başarılı oluruz.

(Yeni ay yemeği, Ekim 14, 2004)

70) Talep ettiğimize sahip değiliz. Işık gelmeli ve bunu bize vermeli; ihsan etmenin ne olduğunu ve hesaplamayı nasıl doğru şekilde yapacağımız bize öğretmeli, aynı zamanda da vermek için kuvveti ve arzuyu nasıl elde edeceğimizi – tüm bunlar sadece Işık içerisinde. Bu yüzden, bunun bize verilmesini talep etmeliyiz.

Niyetler  Michael Laitman

Ancak hâlâ geriye bir soru kalır: ihsan etmek için bize verdiği arzunun yalvarması ile birlikte Yaradan'a dönmek için arzuyu nerede elde edebiliriz? Bu problem sadece çevrenin yardımı ile çözülür. Ancak ilk önce problem anlaşılmalıdır. Eğer çevre bunu unutursa, bu, ayrılmış parçalardan fazlası değildir ve arkadaşların birleşmesi sadece yukarıdan kuvveti çekme yoluyla yer alabilir ki, bu onları Yaradan'a ihsan etme adına birleştirecektir, eğer bu unutulursa o zaman çalışma başlamayacaktır bile. Yaradan her şeyin başında olmalıdır – her düşüncenin ve her eylemin başında, arzunun Kaynağı olarak, yakıt olarak ve amaç olarak - ki eylem sayesinde başarılır.

(Günlük Makale, Şubat 9, 2005)

71) Grup size her şeyi Yaradan'a bağlamanız için yardım etmelidir. Eğer Yaradan'a olan ilişkinizi grup üzerinden kurarsanız ve eğer O'na grup üzerinden ihsan eder hale gelirseniz, bu grup fonksiyonunu yerine getiriyor demektir. Her şeyden öte, eninde sonunda grup Adam HaRişon'un kabıdır (ilk insanın ruhu) ve onun sayesinde Yaradan'a ulaşırız. Hedef Yaradan'a ihsan etme eylemini gerçekleştirmenin içinde oluşur, tıpkı O'nun bize ihsan etmeyi yerine getirdiği aynı yolla. Grup amaç değildir, yerine grup bizim hedefe ulaşmamızı sağlayan bir araçtır.

Grup bana yardım etmek zorundadır. Teklik için aramaktadır – Sadece Tek olan ve Eşsiz Tek olan, Sadece Tek olanın varlıkları - ve bu ortak arama herkese Yaradan'a olan her düşünce ve her arzuyu bağlamayı istemeyi korumaya yardım eder. İlk bakışta, bu çalışma bize kolay görünür. Ancak, içimizde yeni bir içsel Kap belirmesine yardımcı olmak için büyüklüğünü bilmeyiz. İçsel kaynaklarımızı dönüştürmeye başlar ve bu dünyaya ait olmayan hisleri,

konseptleri elde etmeye başlarız. Bunu yaparak, kendimizi içeriden, yaratılışımızın derinliklerinden uyandırırız. Bu, zaten manevi dünyaya ait olan kapları uyandırmış olmamızdır.

Bu, sizin saklanmakta olan Yaradan ile saklambaç oynadığınız anlamına gelmez, O dediğinde: "Bu Ben değilim"; ve siz şu şekilde cevaplarsınız: "Hayır, bu sensin". İşte, her arzunuz için, sonrasında Üst Işık için kap içine dönüşecek olan eşsiz bir mekanizma inşa ediyorsunuz. Çeşitli sayıda kaplarımız yoktur. Yaradan sadece bir arzu yarattı. Eğer bu arzu kendi kendine döndürülürse - ki bu "derinin içinde" olarak ya da kişinin kendi vücudunun içinde olarak adlandırılır, o zaman bu Klipa'dır. Eğer, ancak, arzu tamamen dışarıya yönlendirilirse, o zaman bu Kutsallık (Keduşa) olarak adlandırılır. Bu, arzunuzu içtenlikle açıklayacağınız ve düzelteceğiniz yerdir.

(Günlük Makale, Şubat 6, 2005)

72) Kişi kendini ve grubu bir bütün haline gelmek için ve gerçekte eşit bir parça olmak için gözetmelidir. Bir kişi diğeri olmadan bu mümkün değildir. Sorumluluk karşılıklıdır.

Yalnız Kabalistlerin zamanının sonuna gelindi. Bu, yıkılış ile tam özgürlük arasındaki orta bir dönemdi. Şimdi yeni bir çağ başlamış durumda.

Baal HaSulam'ın yazmış olduğu gibi, "harekete geçmenin" zamanıdır. Sürgünü bitirdik ve şimdi herkes özgürlüğe ya da Yaradan'ın ifşasına yükselmelidir. Bu, ancak karşılıklı garanti yolu ile mümkündür. Bu yüzden, Baal HaSulam'ın geniş dinleyiciler için yazmış olduğu ilk

Niyetler  Michael Laitman

makaleleri, "Yaradan'ın İfşası (Maneviyatın Alınması)" ve "Karşılıklı Sorumluluk (Arvut)"dur. Sebepsiz nefretin karşıtı olarak, "komşunu kendin gibi sev" prensibine göre olan ıslah gereklidir ya da "tek kalp tek adam". Birbirimiz için sorumlu hale gelmeliyiz. Bu, ortak niyeti inşa etmek olarak adlandırılır.

Bizim için bir Kap yapılmaktadır, manevi ilimin insanlara anlatılması artmaya devam edecek olan büyük küresel karışıklık içindir. Ancak, bu bizim manevi seviyemiz hakkında hiçbir şey dememektedir. İllüzyonlar içine düşmemeliyiz – bir şey diğer bir şey ile ilişkili değildir. Bir şekilde bizlerin gerçekten dünyaya örnek olmamız olasıdır, her ne kadar bunun hakkında emin olmasam da. Bizler basitçe Yaradan'ın tanıtım ajanslarıyız.

(Şubat Dersi 25, 2005,*Merdivenin Basamakları*)

73) Kişinin gruba bağlanma tarzı ve Yaradan'a bağlanması arasında fark yoktur. Kişinin grupta çalışması arkadaşları için sevgi üretilmesi ve arkadaşlarının kendi için olan sevgisini uyandırmasından oluşur. Başka bir deyişle, kişi konuşmada rahat olmalı, mutluluk ve memnuniyet olmalı. Aynısı Yaradan ile olan ilişkide de gerçekleşir. Ancak her zaman söylemiş olduğumuz arkadaş için sevgi ile başlamalıyız çünkü O oradadır ve orada olduğundan dolayı kendimizi kontrol etmeliyiz: bu şekilde bir oyun ya da gerçek bir eylemdeyiz. Gerçekten, arkadaşlar, kişiden arzulanan tedaviyi talep edebilirler, başka bir deyişle ilişkilerini, her birinin diğerini mecbur etmesi, onda bu ihtiyacı doğurması ve yerine getirilmesi gereken koşullar yaratması şeklinde düzenlemesi içindir. Sonrasında, çalışması ile uyumlu olarak, kişi çabalarının Çevreleyen Işığı ve Yaradan ile olan ilişkisini uyandırdığını görür ya da Yaradan'ın ona geri

Michael Laitman

Niyetler

dönüş olarak nasıl bağlantı kurduğunu, bu arkadaşları ile olan ilişkisinde ifşa olur.

Neden iki çeşit ilişki vardır: kişinin arkadaşlarına ya da Yaradan'a doğru olan ilişkisi ve bunun tersine arkadaşlarının ve Yaradan'ın ona karşı olan ilişkisi. Bu iki çeşit de kişiye bağlıdır. Kişinin dışında sadece tüm gerçekliği dolduran Sonsuzluğun Üst Işığı vardır ve insanoğluna olan değişmeyen ilişkisinde tamamen hareketsiz haldedir. Eğer kişiye, bir şeye bağlantı kurma ihtiyacı duyduğu ve onun dışında bir şey onunla ilişki içinde gibi gözüküyorsa, o kendisi tüm bunları belirler. Her iki yönde de kişi olayların gidişatını belirler. Gruba gelince – kişinin arzuları üstündeki çalışmasında gösterir, grupla ilişkili olarak, gruba ihsan etmede, isteğini gruba teslim etme arzusunda ve grubun ilişkisini kendine doğru almada. Kişinin hedefe ulaşma amacıyla arkadaşları için sevgisini göstermesinin derecesine göre, grubun beğenilen parçasına kabul edilmiş olarak değerli hale gelir. Onların sevgisine ihtiyacı olduğunu göstermesinin derecesine göre, kişi grubun ayrılmaz bir parçası olduğunu ispatlar çünkü onlarda, onların da ilerlemeleri gereken bir eksikliğe neden olur.

(Günlük Makale, Mart 16, 2005)

74) Gerçek şudur ki, grup içerisinde Arvut'u (karşılıklı sorumluluk) gerçekleştirmekten başka yapacak hiçbir şeyimiz yoktur. Başka meşgul olunacak hiçbir şey yoktur. Zaman zaman başka bir fazı açmalıyız ve şu anda yaklaşmakta olduğumuz faz da Arvut'tur. Her birimizin hem ortak Kli'nin (arzunun/kabın) bir parçası olmayı hem de bireysel Kli'yi hissedeceği duruma gelmesi bize bağlıdır. Bu, manevi seviyede nasıl algılandığının ifadesidir. Sadece

Niyetler

Michael Laitman

bu hissin eksikliğini hissederiz. Eğer kendimizi bu Kli'nin içerisinde algılarsak, manevi dünyanın açığa çıkması, Yaradan'ın ifşası orada gerçekleşecektir. İlk manevi seviye orada yatmaktadır.

...Aynı algıya, aynı kaba girmek sadece bize bağlıdır. Işık, bizim arzularımızı hissetmeye başlamamızdan hemen sonra belirir. Aslında, arzuları hissetmek demek benim, kendiminkiler dâhil herkesin Yaradan'a olan özlemlerinde, arzularını hissettiğim anlamına gelir. Ve bu hepsini birbirine bağlar. Bu demektir ki Kli'yi inşa etmeliyiz. Başka faaliyet gösterilecek bir konu, geliştirilecek bir içerik yoktur. Tüm dünyayı ve öğrendiklerimizin nasıl gerçekleştiklerini ve uygulandıklarını içerisinde göreceğiz. Şu anda ne yaparsak yapalım, dünyadaki tüm arkadaşlarımıza, anında durumlarımızı onlara yayarak aktarmalıyız – ve bu büyük bir sorumluluktur. Eğer, bizim yüzümüzden, inişe girerlerse, bu bize çok çok ciddi ve kötü bir şekilde geri döner. İkinci olarak, bunları daha sonra uyandırmak çok daha zordur. Grubumuza karşı ve dünya grubuna karşı büyük bir sorumluluk hissetmeliyiz. Temel olarak Arvut budur.

... Arvut prizması sayesinde çalışmaya başlamış olduğumuz Baal HaSulam'ın materyallerini okumaya başlarsak, tamamen farklı bir Işık içerisinde bunu göreceğiz, sanki tüm makaleler, mektuplar ya da incelemiş olduğumuz TES ile bir bağlantı yok. Grup sayesinde çalışmak, arkadaşlarımıza onları desteklemek ve geliştirmek için Arvut, müşterek sorumluluk ile yaklaştığımızda, göreceksiniz ki bu şekilde yaparak yeni bir Kli elde ederiz – manevi Kli. Sonrasında çalışmakta olduğumuz materyalin anlamını ve sizinle olan ilişkisini anlamaya başlayacaksınız. Toplamda yeni bir şey ifşa olacaktır.

Michael Laitman

Bnei Baruch Eğitim ve Araştırma En

Niyetler

...Arkadaşlarımızın Yaradan'a olan arzularını hissetmek zorunda değiliz. Onları, Yaradan'a olan arzularını ararken denetlemek zorunda değiliz. İlk önce kendi üzerimde çalışmam lazım: onlar için ne kadar gerçekleştiriyorum ki, bu sayede kendilerini ilham almış ya da yükselmiş hissedecekler? Tüm gemimizi kurtarmak ya da ileri hareket ettirmek için ne kadar çaba sarf etmeliyim?

...Diğerlerine karşı olan ilişkim, ilk olarak, grubun iyileşmesine yardım etmeye dönük her şeyi yapmak için harcadığım çabalarımdan oluşur. Bu çabayı önümüze yerleştirerek, birleşmiş Kli'nin duygusunu hissedeceksiniz ve kendinizden başka herkesin zaten düzeltilmeye hazır olduğunu göreceksiniz. Açık olarak, bu, yanınızdaki kişiyi analiz etmeyi gerekli kılar. Ancak, bu sadece arkadaşlarınız ile "Tek adam tek yürek" olarak birleşmek için kendi hazırlığımızı sürekli olarak kontrol ettiğinizden sonra gerçekleştirilir. ...Ben sadece dışsal görünüm ile yargılarım. Herkes uyanmak ve herkese ihsan etmek zorundadır; herkes – kendi doğasına göre, insan seviyesinde anlıyor olmanıza rağmen. Biri heveslidir ve sanki deli gibi koşar bu sırada diğeri daha sakindir, hatta bilirsiniz ki sakinliği, ilgisizliğinden gelmiyordur. O sadece içinde farklı bir şekilde tutuşmaktadır.

...Gelişmeye devam edeceğimiz konusunda çok emin olmayınız. Yaradan emek için olan ihtiyaçtan vazgeçmez; bu mümkün değildir, çünkü burada Kli ile ilgileniyoruz. Eğer çabalarımızı bu Kli'yi inşa etmeye yatırmazsak, hiçbir şey gerçekleşmeyecektir. Her zaman bu tarz gruplar ve olaylar olmuştur hatta şimdi de, bizden başka gruplar da var. Eğer olmasına gerek varsa, başka bir grup çok hızlı gelişmek için yaratılacaktır, dışarlarda bir yerlerde ve olması gereken neyse

Niyetler — Michael Laitman

o olacaktır. Özgür seçim iptal edilmemiştir. Gerçekten öyle mi? Burada tek bir adam tek bir yürek olarak mı ayakta duruyorsunuz? Eğer hazırsanız – lütfen, değilseniz – hayır. Yaradan'ın ifşasından önce sadece bu sorulmuştur. Bunun dışındaki her şey sonraki manevi seviyelerin gerçekleşmesi ile ilgilidir. Sina Dağı'nda ayakta durmak tam bu noktadır ve Arvut Kli'dir.

(Laitman'ın Arvut hakkındaki konuşmasından, Ekim 25, 2004)

75) ...Tek başınıza yalnız edinemezsiniz. Yaradan'a egoistik anlamda dönemezsiniz: "Tüm arkadaşlarımın ihtiyaçlarını topladım ve şimdi bana ver!" "Ben" işe yaramaz. Duanın halkın, çoğunluğun duası olması gereklidir.

Yaradan'a uygun cilalanmış bir Kli olmadan dönmenin bir anlamı yoktur. Egonuzdan Yaradan'a döndüğünüz zaman, kötü hissetmekten dolayı hıçkırıklara boğulursunuz. Bunu yapan birçok diğerleri de vardır ve ağıtlarına karşılık hiçbir şey alamazlar. Yaradan'a uygun olan Kli ile dönmeniz gereklidir. Ne istiyorum? Yaradan'a bağlanarak ulaşmayı mı? Bunu, Yaradan duyar. Fakat bu istekle geldiğinizi nasıl ispatlarsınız? Ve bağlanmayı elde etmek ve ihsan etmek için uygun ihtiyaç ile geldiğinizi nasıl bileceksiniz? Bunun için, Yaradan sizden kendi kısmınıza ne yaptığınızı ona ispatlamanızı ister.

Sonrasında, grup Yaradan'a dönmek için Kli'yi hazırlamanın kesin yeridir. Aksi takdirde, hiçbir zaman özellikle ona döndüğünüzü bilmeyeceksiniz. Çığlık atabilirsiniz: "Bir arzum var! Bunu görmüyor musunuz!" Böyle bir haykırışın cevap bulması söz konusu bile değildir. Tam tersi, anlamaya başladığınızı hissettiğiniz zaman ya da ihsan etmek için biraz zevkiniz varken, bu sizi gruba

Michael Laitman  Niyetler

döndürecektir. Yaradan'a olan yolun sadece grup sayesinde olduğunu anlayacaksınız.

(Günlük makale, 3 Şubat 2005)

76) Arzumuz, bizi tutması için, bizimle bir şey yapması için bir istek olarak ağlayışımız – tüm bunlar sadece gruptan gelebilir. Havaya kalkmamız için ve bir şey yapmak için ilham edinmemiz için tek yol budur. Neden? Çünkü gruba şükürler olsun ki, Adam HaRişon'un genel sistemine bağlanırız. Başka bir deyişle bu sisteme bağlanmak ve herkesle birlikte gelişmek için eylemler gerçekleştirmeniz için, herkesle birlikte gerçek bir gelişme yapmanız için size bir olasılık bahşedilmiştir. Neredeyse, bu aynı şeydir. Sonra, doğru yönde yükselirsiniz. Yaradan'a doğru daha yakın olmayı seçmeye başka bir fırsatınız olmayacak, sadece çevre, ruhların geri kalanları bu durumu yaratmadıkları sürece manevi edinimde ilerleme olmaz. Onlara bağlanmadan Yaradan'a doğru nasıl gelişebilirsiniz ki? Kli'niz olmayacak! Bu yüzden, böyle bir gruba bağlanmak istediğinizin derecesine ve kendinizi arkadaşlarınız ile ilişkide şekillendirmeniz ile onlardan ilham alabilir ve geri dönüş olarak onlara ilham verebilirsiniz, bu derecede hatta daha büyük bir yetenek ve Yaradan'a ihsan etmeyi idrak etmenin hazırlığını elde edersiniz. Böylece, bunu, yeni doğmuş bir bebeğe ne doğal ise, arkadaşlar arasında zor iş olarak açığa çıkmak, takip eder. Yeni doğmuş bir bebeğin gelişmek için doğal bir güdüsü vardır: gelişmek, yardım ve destek için yalvarmak. Burada grupla benzer bir şekilde çalışırım – zorla, bilinçli ve makul olarak, egoma karşı çalışarak.

(Günlük makale, Mart 15, 2005)

Niyetler  Michael Laitman

77) Gerçek şu ki, yukarıdan kurtarılmayı özlememiz gereklidir. Problem şudur ki, kendimizi tek, ana, sadece ve özel bir faktöre maruz bırakmayız. Bu bizim tüm sorularımıza ve içimizdeki kötülüğün düzeltilmesine olan yanıttır. Kurtarılma sadece oradan gelecektir. Bize her ne olursa O'ndan geliri anlamamız gereklidir, bu sayede O'na döneceğiz. Eğer tüm düzeltmelerimizde bir şeyi başarırsak, kendimize yukarıdan olan bu gücün farkındalığını getireceğiz. Aksi takdirde bu ıslahlar zaten düzeltme olmayacaktır.

Neden bu düzeltmeler bizim içimizde gerçekleşmez? Bunun nedeni şudur, çünkü asıl faktörü çekmiyoruz. Bazı şeylerin yürümesini istiyoruz, eğer bir yasa yazarsak, çeşitli koşulları ve kuralları formüle edersek, bunlar insan aklında gerçekleşecektir, algılamanın insan alanında. Ancak, bu gerçekleşmez; bunun nedeni bunu gerçekleştiremiyor olmamız değil çünkü bu şeylerin içinde Yaradan ikamet etmez. Üst Kuvvet bu kanunlar içerisinde yaşamaz ve bu yüzden düzeltmeler gerçekleşmez. Bu faktörü unutmamak bizim görevimiz. Tüm koşullar sadece Yaradan bize daha yakına gelsin ve bizim içimizde ikamet etsin diyedir. Sadece bundan sonra ıslahlar gerçekleşir.

(4 Şubat, 2005)

78) Arkadaşlar ile bağ demek, Yaradan ile bağlılığa doğru yönlendirilmiş olunan tüm arzular ile bağlanmış duruma geldiğiniz anlamına gelir. "Dost" sadece benim yanımda oturan kişi, fiziksel görünümü ya da dünyevi karakteri ve nitelikleri değildir. Arkadaş diğerinde var olan bir güçtür, hasret, Yaradan ile bağlılığa ulaşma arzusunun gücü. Bu, dost olarak adlandırılır. "Ben" olan kimdir? İçinizde mevcut olan her şeyden, sadece tek bir şeyin üstünü açarsınız: Yaradan için olan arzunuz.

Michael Laitman

Niyetler

Bu – kalpteki nokta "Ben" olarak adlandırılır. Böyleyse, dost kimdir? Arkadaşım, onun kalbindeki noktasıdır. Yaradan ile grup sayesinde bağlanma için olan arzusu ve senin Yaradan ile grup sayesinde bağlanma için olan arzun - bunlar kesin olarak birleşmesi gereken arzulardır. Eğer bunları birleştirirsek, bu Işık'ın ifşa olacağı Kli olacaktır. Bu her bir arkadaşın nasıl ele alınması gerektiğidir ve bağlanmamız gereken noktalardır. Eğer onların noktalarına bakarsanız, nasıl göründükleri ya da kişiliklerinin nasıl olduğu önemli olmaz. Bunun yerine, bu şeyleri, onun kalbindeki noktaya ulaşmak amacıyla içinden geçmeniz ve idrak etmeniz gereken yardımcı engeller olarak görürsünüz. Başka bir kişide sizi iğrendiren şeyler, ona bağlanma arzunuzun saflığını aydınlatmanız için verilmişlerdir.

Bu yüzdendir ki, herkesin, arkadaşının kişiliğini ve negatif özelliklerini, kendinde var olan problemler olarak görmeye ihtiyacı vardır, arkadaşının kalbindeki noktaya ulaşmak için bu problemler, üstesinden gelmesi gereken kendi görevleridir. Bu, size nasıl göründüğün ifade eder ve o kendi kimdir, bilmiyorsunuz. Bu, onu sizin nasıl gördüğünüzdür.

Soru: Peki, bunun üstesinden gelinmesi nasıl mümkündür? Ne yapılmalıdır?

Bunun üstesinden ancak amacın ve Yaradan'ın arkadaşa bağlanmayarak asla edinilemeyeceğinin önemini fark etmemiz ile gelebiliriz. Sonrasında arkadaş araç olarak önemli hale gelir ve sonra anlarım ki, dostum amaç kadar önemlidir.

(*Günlük makale*, Mart 14, 2005)

Niyetler

Michael Laitman

79) Grup olmadan kişinin bireysel niyeti olabilir mi? Tabii ki, fakat söylemeliyim ki bu bizim zamanımız için değildir. Gruba bağlı olmayan kişisel bir niyetim var, yani böyle bir şey var. Ancak, eminim ki bugünün toplumunda dostlar olmadan doğru niyet inşa edilemez. Neslimiz yeni bir boyuta girdi, yeni bir döneme, sadece grup içerisindeyken, sadece birbirimizle bağlantıdayken bizler gelişebiliriz.

(25 Şubat Dersi, 2005, *Merdivenin Basamakları*, 1.Bölüm, Makale 503)

İç Çalışma

80) Çalıştığımız kaynaklar tüm yolu tarif eder, bir adama manevi yolda ne olur, hangi koşullardan geçeriz? Bu, bize niyetin yolunu anlatır: materyalin üzerine nasıl yükseliriz ve Yaradan ile olan ilişkimizi nasıl kontrol ederiz, onunla nasıl bağlantı kurarız.

... Bu durumunuzu nasıl kontrol ettiğinizle ilgilidir: sürgünde ya da kurtuluşta olma durumundasınızdır. Tüm koşullar sadece niyete göre kontrol edilirler. Tüm yolu niyetimiz ile sıfırdan onu inşa ederek geçmemiz gereklidir. Sıfır seviyesinin üzerine daha çok çıktıkça, daha derine düşeriz – aramızda bağ olmadığı ya da bağımızın ne ölçüde olduğunu görürüz. Tüm manevi yol niyeti Yaradan'a doğru inşa ederek yürünür. İnsanlığın dünyevi olarak geçirdiği bilimsel ve teknolojik gelişiminden, ilerlediği maddesel yolun yansıması ve devamı, manevi yoldur. Tüm bunlar, niyetlerimizde geçmemiz gerekli olan tüm durumların kopyasıdır. Tüm bu süreçler ve fenomenlerin başka bir gerekçesi yoktur. Bir şey değiştiği zaman, bu niyetin maddeselliğe yansıtılmasından dolayı değişir. Eğer bunun için değilse, o zaman değişmeyen hayvanlar gibi olurduk. İnek doğasında değişmez. Bin yıl evvelki inek bugünkü inekten farklı değildir.

Michael Laitman  Niyetler

Tüm tarih boyunca insanlığın geçirmiş olduğu süreç, çeşitli kanallarda gelişiminde aynı zamanda gelişmesi gerekli olan niyetin bir kopyasıdır. Eğer, gerçekte şu anda bize olmakta olan doğru niyeti edinmede başarılı olmazsak, daha fazla saparız ve manevi gelişim maddesel gelişimin gerisinde kalır. Bunların arasındaki fark bizleri acıya ve üzüntüye getirir.

(25 Şubat dersi, 2005, Merdivenin Basamakları, 1.Bölüm, Makale 503)

81) Üzerinizde Yaradan'ın idaresini ilan etmenizden sonra, onunla alakalı olarak iyi ya da kötü veya doğru ya da yanlış niyetler inşa edebilirsiniz. Sonrasında üzerinizdeki O'nun idaresine ilişkin olarak aranızdaki ilişkinizi ifade edebilir hale gelirsiniz. Bu, iyi ya da kötünün idaresi midir? Bu, sizin için yararlı mıdır, zararlı mıdır? Bu, O'nun için yararlı mıdır, zararlı mıdır? Bununla bizden ne istemektedir? Eğer gerçekten bizim üzerimizde bir idaresi varsa hayatımızdaki karışıklıklar için O'na kızar mısınız?

Ama önce Yaradan'ın üzerimizde olan ilahi yönetimini belirlemek ile başlarız. "Ondan başkası yok" makalesini, "Şamati" kitabında ilk makale olarak yerleştirdim, çünkü, bu prensibi kurmadan, tüm gerisinin bir değeri yoktur. "Şamati"deki tüm hareketleri, aksiyonları, düşünceleri, kişinin başına gelen her şeyi ifade eden tüm makaleler – eğer tüm bunlar Yaradan'dan ile ilişkilendirilmezse kişi ne ile çalışabilir ki? Çalışmanız her şeyin O'ndan geldiğine yüzde yüz emin olmanız ve bunu bilmenizden sonra başlar – O'nun hakkında şu anda ne söylüyor olsam dahi. Hangi yola dönüyorsanız, lehinde ya da aleyhinde her ne söylüyorsanız, bunlar da aynı zamanda O'ndandır. "Ben" nerede? Bu noktanın aynı zamanda bulunması gereklidir.

Kişinin "Ben"i, tüm edinilmiş anlayışın, düşüncelerin ve oluşların altındadır. Bu, hammadde olarak adlandırılır.

Tüm çalışmalarımız, mevcut durumumuzun ve bununla çalışmamızın yolunun fark edilmesi, kendim ya da O'nunla ilgili hedef için amaçlanan seçeneğin tarif edilmesi - tüm bunlar O'nun yönetimini hissettikten sonra başlar. Ve bunu gizlenme koşulunda yapmalıyım.

(Şubat 25 Dersi, 2005, Merdivenin Basamakları, 1.Bölüm, Makale 503)

82) Çaba nicelikte ya da nitelikte olabilir.

Çabanın niceliği, kendisine söylendiği gibi kişi tüm alanlarda çalıştığında, onu hedefe doğru geliştirebilir: gruba ihsan etmek, gruptaki faaliyetlere katılmak. Bu çabalar eğer arzu ile ölçülmezse o zaman yaptıkları ile gerçekleştirilir. Burada çalışmaya, işe, adamın ve dünyanın tüm genel düzeltmeye ait olan şeylerine bakıyoruz.

Çabanın niteliği sadece tek bir şey demektir – niyette çalışma. Bunda da tabii ki birçok gerçekleşmeler ve analiz tipleri vardır. Niyet sonucun ana kısmını belirler. Bu dünyada özellikle hareketlere ihtiyacımız var; spesifik olarak bu dünyaya aittirler ve amaçları bizi doğru arzu edilebilir niyete döndürmektir. Hareketleri fiziksel bedenimiz ile gerçekleştiririz. Çalışmalarımızda yaptıklarımız da aynı zamanda hareket olarak adlandırılır. Başka bir deyişle, şimdilik, hazırlık sürecinde, ruhtaki içsel çalışma dışındaki, her şey (perdeler ile olan çalışma) "hareketteki çalışma" olarak adlandırılır. Perdeyi edindikten sonra, içsel hareket çalışmalarına, içsel çalışmaya doğru ilerleyeceğiz. Perdeler ile çalışmaya başladığımız zaman, niyet ve hareket içimizde bir olacaklardır. Ancak perdeyi edinmeden önce, yapmış

Michael Laitman  Niyetler

olduğumuz tüm iş, fiziksel bedenimizde, çalışmada, beyinde ve akıldadır – tüm bunlar "hareket" olarak adlandırılırlar. "Niyet" hareket esnasında ya da dışında hedefe odaklanmış olarak kalabilme yeteneğimizdir; hedefi doğru tanımlamalar ile tam olarak uyumlu bir şekilde netleştirdiğimiz zaman ortaya çıkar. Her zaman hareketlerde daha fazla çaba uygulayıp uygulayamayacağımızı kontrol etmemiz gereklidir, özellikle niyetteki çabalarımızla. Gerçekte, niyet arzu edilebilir sonucu getirendir.

(Günlük makale, Şubat 16, 2005)

83) Eğer sen, herhangi bir şekilde, arzu dahi duymadan (ki bu daha avantajlıdır) başarman gereken içsel hareketi hatırlar; eğer tüm çalışmana, hayatının her anına final hedefe bağlanmayı hatırlarsan – bağlanmaya ulaşmak, sonsuzluğa ve mükemmelliğe girmek – bu iyidir.

Her ne kadar, bunu istemediğinin, bundan nefret ettiğinin ve bundan bıkmış olduğunun farkına varsan da – bu fark etmez. En önemli şey bu bağlantıyı korumak ve bu da "bağlantı" olarak adlandırılır. Ancak, eğer hedeften koparsan, bu grubunun iyi çalışmadığının bir işaretidir - ki sana her an bu tarz işaretleri göstermektedir.

Her hareketten önce ilk olarak doğru niyeti eklememiz gereklidir ve sonrasında hareketi yerine getirme süreci içerisinde bunu her an tazelememiz gereklidir, çünkü gerçekten niyet her zaman bizden kaçar. İki saniye arasındaki fark niyetin değişimindedir. Eğer sadece niyeti düşünüyorsanız, niyetin, hareketi değiştirdiğinin farkına varacaksınız.

Niyetler

Michael Laitman

Her an niyeti yeniden canlandırmalıyız ya da her zaman ona bağlı olmalıyız. Sadece buna dikkatimizi ayırmamıza gerek var mıdır? Sonrasında gerçeği eylemlerde değil niyette değiştirdiğinizi keşfedeceksiniz. Niyetlerin dünyasında olduğunuzun farkına varacaksınız, içinde bulunduğunuz saha, iyi ya da kötü, zevk ya da acı niyetlerinin sahasıdır; bu saha bilgilerin ve her çeşit bağlantının sahasıdır. Bu sahanın niyetlerin sahası olduğunu keşfedeceksiniz, Yaradan ile olan ilişkinizin sahası: zıt durumdan başlar, ta ki yüzde yüz eşitlenene kadar.

(Günlük Makale, Şubat 13, 2005)

84) Kişinin kalbindeki noktanın çağrısını hissettiği andan itibaren, çalışmasının özü basitçe şu şekilde aktarılabilir: çalışması tüm durumlarını Yaradan'a bağlamaktır. Tüm düzeltmelerinde, çalışma ya da metotlarında bu bağlantı dışında başka bir şey yoktur. Çalışma tüm olay ve anlarda Yaradan'a bağlanmaktan oluşur. Sonuç olarak, gizlenme durumu kişiye gelir, tek ve çift gizlenme, ödül ve ceza ve diğer örnekler. Bu şekilde ya da başka bir şekilde, kişinin tüm faktörlere odaklanması gereken çalışması ve yönü, onu "Kişi, Işık ve Yaradan tekdir" olarak tanımlanan koşula getirir. Hepsi budur.

Yaradan ile olan bağlantıyı sabitlemek için her şeyden önce Yaradan'ın alanımızdan çıkmayacağından emin olmalıyız. Sonrasında, daha derin bir gelişim başlar: Beni ona tam olarak ne bağlar? Sevgi? Korku? Başka bir şey? Bu zaten içsel bir unsurdur. Fakat önce Yaradan'ın görüşümüzden kaybolmadığından emin olmamız gerekir. Bu, tıpkı tank ya da uçak içerisindeyken, hedefi tanımlamak ve ona "kilit"lenmek gibidir. Sonrasında tüm istikametlerde hareket edebiliriz fakat hedef pusulası sürekli olarak istikameti hedef üzerinde tutar.

Michael Laitman

Niyetler

Bu yüzden, kalpteki noktayı aldınız, kendinizi "kilitlediniz" ve şimdi ihtiyacınız olan, istikameti korumak. Rahatsızlıklar sizi bundan dışarı atmaya çalışacak olsa da, bu fark etmez – hepsini aynı yöne doğru bağlayacaksınız.

(Ders, Aralık 14, 2004)

85) Hayatımızın her anında hissetmiş olduğumuz tüm sıkıntılar, "meydana gelen her şey Yaradan'a bağlıdır," düşüncesini kaybetmiş olduğumuzdan gelir. Hissetmiş olduğumuz ya da mevcut olan, başımıza gelen her şeyin O'ndan geldiğini unuturuz. Eğer bu halata tutunursam, Yaradan ile olan bu iletişim hattım ve her şeyin beni doğru niyetin daha yakınına getirmek için O'ndan geldiğini bilirsem, bu bağlantıyı bir saniye için bile kaybetmezsem – bundan sonra, hiçbir şey zor olamaz. Sonra, buna zıt olarak, kişiyle olan tüm bunlar, onu geliştiren ve bağlantıyı güçlendiren bir kaldıraç gibi olur. Ortak düşüncemizde, niyetimizde, hiçbirimizin Yaradan ile bu bağlantısını kaybetmeyeceği duruma erişelim ve her zaman başımıza her ne gelirse Yaradan'dan geldiğini bilelim. Bu şekilde engelleri geçeceğiz ve hedefe hızlıca ulaşmak için yönetebileceğiz.

(Yeni Ay Yemeği, Kasım, 2004)

86) Her şeyin düşüncelerimize bağlı olması nasıl mümkün olabilir? Kişi düşüncelerini ve algılamalarını analiz etmelidir. Bu analiz sadece kişinin gerçekleşen her şeyi Yaradan'la ilişkilendirme çerçevesinde yönetilebilir. Eğer kişi kendisine olan her şeyi, aynı zamanda içerdiği ve "kendi dünyası" olarak adlandırılan her şeyin toplamını Yaradan'la ilişkilendirmek eğilimindeyse; bu eğilim "kişinin çalışması" olarak adlandırılır.

Niyetler  Michael Laitman

Söylenmiş olduğu gibi, düşünceler ile çalışmaya atıfta bulunuyorum: "Her şey düşüncede netleşir". Tüm aydınlanmalar sadece düşünceler yolu ile yerine getirilirler. Peki, düşünce nedir? Fizyolojik vücudumuzun maddesel eylemleri maneviyatı etkilemezler. Bu barizdir. Fizyolojik vücudumuzun içinde mevcut olan arzularla bile bir ilişkisi yoktur.

Yiyecek, cinsellik, para, itibar ve bilgi için olan arzular vücuda ait değildir. Bunun yerine, sadece onun içinde kılıflanmışlardır. Her ne kadar onları vücudumuz sayesinde algılasak da, yine de bu arzular vücuda ait nitelikler değillerdir. Yaradan'a yönelik çalışmamızdaki analiz hakkında konuştuğumuz zaman, ilk koşul her şeyi Yaradan ile ilişkilendirmekle başlar. Yaradan ile ilişkilendirme ikinci safhayı doğurur, kişiyi ihsan etme niyetine yönlendirmeye getirir. Bu oluşum gerçekleşince, tüm çalışma sonuçlanacaktır. Daha başka bir şey yoktur.

(*Günlük Makale*, Ocak 13, 2005)

87) Düşünce, kendi arzularıma göre eylemlerimi düzenleyen bir programdır. Akla neden ihtiyacımız vardır? Akıl, arzuları düşüncenin yardımıyla en optimal şekilde gerçekleştirebilmek için mevcuttur. O zaman niyet nedir? Arzum ile nasıl çalışmam gerektiği konusundaki içsel düşüncelerimden sonra, arzunun sahip olduğu doğal programa göre çalışmaya muktedir olmadığımı anladığım durumlara gelirim. Bazı materyallerim var ve bunun yanında onunla çalışma metotlarını hesaplayan bir bilgisayar var. Şimdi bunun bana faydasının olmadığını görüyorum. Programın başka bir parçaya ihtiyacı olduğu anlayışıma gelirim; bu, Yaradan ile olan bağlantıdır ya da başka bir tanımla "niyettir". Bu parçayı eğer programıma eklersem,

Michael Laitman

Bnei Baruch Eğitim ve Araştırma En

Niyetler

bu, eğer sistemi yenilersem o zaman materyalim ile doğru bir şekilde çalışacağım ve tamamlamayı başaracağım. Hepsi budur.

(Şubat Dersi 25, 2005, Merdivenin Basamakları, 1.Bölüm, Makale 503)

88) Reşimo (manevi izlenim/gen) ifşa olur ve ben bundan zevk almak istiyorum. Bu, harikadır; sonunda, hâlâ hayattan zevk alabildiğimi keşfederim. Daha önce orada olmayan zevkler şimdi benim önümde ışıldıyorlar ve gözlerim parıldıyor. Şimdi ne yapmalıyım? Arzularımın üzerinde kalmalıyım. Başka bir deyişle, arzular, onların üzerinde yükselmem için içimde uyandılar. Bu, "arzulara karşı gitmek" olarak adlandırılır, ya da arzuları plana göre kullanmak - ki bu onların taleplerinin zıttınadır, arzuların üstünde yükselerek onlara karşın çalışmaktır. Bu, arzuları ortadan kaldırdığım ya da onları kullanmadığım yani yok ettiğim anlamına gelmez. "Arzulara karşı gitmek," onların üzerinde kalacağım sırada, beni eninde sonunda onları ihsan etme uğruna kullanacağım yolda arzular üzerinde çalışmak demektir. Sonuç olarak, arzuları kullanmam onların orijinal taleplerinin karşısında olacaktır. Prensip şudur: arzu ifşa olduğunda, o zaman yalnızca onun niyetini ihsan etmeye değiştiririm, bu, "benim için" niyeti yerine, "Yaradan için" niyetini aktive ederim. Değişen tek şey niyettir, bu sırada arzu tıpkı eskisinde olduğu gibi kalacaktır. Ne de olsa, arzunun kendisini silersem, onu yok edersem, o zaman çalışabileceğim hiçbir şeyim olmayacaktır. Bu yüzden, çalışmamız arzuyu bastırmaktan oluşmaz, fakat bunun yerine niyetini zıddına değiştirmeden oluşur.

(14 Ocak, 2005)

89) Kişiyi değiştiren yaptıkları değildir, dostların tutumları ve kişiye yönelik davranışlarıdır. Bizler sadece

Niyetler  Michael Laitman

aksiyonlar üzerindeki niyetlerin seviyeleri hakkında konuşuyoruz, sadece niyetler hakkında konuşuyoruz. Bu durumda ödül ve ceza anlamında yönetimi nasıl algılarız? Sadece niyetlere bağlı olarak Yaradan'ın yönetimini nasıl algılarız? – Aynı zamanda niyetlere bağlı olarak. Arzularla en ufak bir temas dahi yoktur, onlar sadece bizim niyetlerle doğru çalışma becerimizin derecesinin artışına göre ifşa olurlar. İlave olarak, "ödül ve ceza" aynı zamanda, niyetle olan ilişkimizin "alma niyetine" ve "ihsan etme niyetine" işaret eder. "Ödül"ü elde ederek, anlıyorum ki, daha öncesinde belli bir aksiyonu hatalı bir niyetle yerine getirdim fakat şimdi verilen eylemi yerine getirerek ve aynı zamanda bütün bunların Yaradan'dan geldiğini görerek, bilinçli olabilecek bir durumdayım. Yaradan bende kıyafetlendiği sürece ve bu aksiyonların bende olmasını sağladığından O talimatları verir ve ben yerine getiririm.

(Günlük Makale, Ocak 21, 2005)

90) Kişi içinde olanlara dikkat etmeye başlar. Yaradan kişinin hem içinden hem de dışından çalışır, ve kişi tam olarak Yaradan'ın ondan istemiş olduğunu fark etmeye başlar. Kişi Yaradan'ın hareketlerine göre prensipleri hissetmeye başlar. "Yaradan için çalışmak" olan ilgi kişide belirir, bu da, Yaradan'ın kişide yerine getirdiği çalışmadadır ve bunların gerçekleşmesindeki şekildedir. Sonuç olarak, kişi kendini ve Yaradan'ın onda parıldaması için olan değişimlere reaksiyonlarını anlamaya başlar. Yaradan onda çeşitli değişiklikler kullanarak parıldamaya başlar ve kişi bununla uygun olarak değişir. Bu yüzden denir ki, kişi Yaradan'ın üzerindeki etkilerinin değişimleriyle şekillenir ve Yaradan'ın gölgesi olur. Sonrasında kişi Yaradan'a nasıl karşılık verebileceğini öğrenir ve doğru şekilde karşılık verir. Yansıyan ışık ile arzu ya da dua belirir ve sonrasında kişinin tarafından yapılması gereken çalışma başlar. Sonrasında

Michael Laitman

Niyetler

kişi nasıl kalbini iyiliğe getirebileceğini Yaradan'dan öğrenip bilgelik sahibi olur. Sonuç olarak, kişi iyi yürekli olmayı isteyerek Yaradan'a doğru yükselmeye başlar ve bu da "kişinin düzelmesi için gerçek dua" olarak adlandırılır. Eğer kişi sürekli olarak düzeltme için fırsatlar arıyorsa, o zaman bir sonraki adımları belirlemeye başlar, sanki Yaradan'ın önünde yürüyor ve ona davranışı için yapılması gerekeni "dikte ediyor"dur. O "programı düzeltir". Her şey kişinin kendi içsel keşfine bağlıdır.

(*Günlük makale, 21 Aralık, 2004*)

91) Kişi, zamanını ve düşüncelerini bir şey ile doldurarak hazzı hissetme fırsatına sahip olduğu durumdadır. Eğer yine de efor sarf etmeyi ve çalışmaya eklemeyi seçerse, pozitif olarak bunun ona zevk vermeyeceğini bilerek ve eğer kendini mecbur tutarsa o zaman bunu yaparak çabalarını ifade eder ve onları anlayışın üstünde ortaya çıkarır. Açıkça, bu hesaplama arzunun sınırlandırmaları içinde hazzı hissetmek için de gerçekleştirilir, bu, aynı zamanda iyi bir şeyi başarmanın özleminden gelir. Bunun hakkında şüphe yoktur. Ancak, tam şu anda, bu koşulda, bu yine de bir anlamda ihsan etmeye yönlendirilmiş belli bir efor ifade eder. Eğer kişinin eforu özellikle gruba yönlendirilmişse ve çalışma sırasında niyete yönlendirilmişse, o zaman her zaman kişi kendini Yaradan'a yaklaşma konusunda konsantre olarak yönlendirdiğinde, eforu ortak sermayeye bağlanmış hale gelir, ta ki o sonunda niyeti Lişma hediye olarak alana kadar. Sonrasında, yeni kaplarda ve yeni bir doğada (ve sadece onun içinde), haz aynı zamanda Yaradan ile bağlantı ve birleşme kişiye ifşa olur.

(*Günlük Makale, 20 Aralık 2004*)

92) Hazzı hissetmek için arzunun içindeki sonucu ölçmemiz ve nedenini anlamamız gerekir. Sonucu sadece

Niyetler — Michael Laitman

gösterdiğimiz çabaların miktarına göre tartmalıyız. Bu problemli olsa da, gösterilen çabaların miktarını değerlendirmek kolay değildir. Bana öyle görünüyor ki, ateşin içinde yanıyorken gerçekte hiçbir çabanın olmaması mümkündür. Ancak, eğer kişi diğerleri ile birlikte keyifle hareket ederse o zaman herkes kendi içinde kesin olarak ihsan etme niteliğine bağlanmak için ağlar. (Şunu demiyorum: "Yaradan için" çünkü bu insanların kafasını karıştırır.) Eğer bu ağlama insanın içinde kaynarsa, eğer egosunun boğazına, en önemli şey uğruna ve diğerleri ile bağlanmak için basmaya hazırsa, eğer bu kesinlikle şu anda yaptığı şey ise o zaman sonuç olarak o iyi bir hareket yerine getirir. Buna ek olarak, sonrasında nasıl başarılı olduğumuz konusunda kişisel bir hesaplama yapmak gerekli değildir.

Başlangıç sürecinde "düşünce, konuşma ve yapılanlar" sonunda, hazzı hissetme arzusundan bağlantımızı kesmiş olmalıyız. Alma arzusunun üzerinde büyümemiz gereklidir. Bu, bir şey yapabilmek için tek yoldur ve bunu kontrol etmek mümkün değildir. Zor olmasının nedeni budur.

(Kasım 29, 2004)

93) Kişi kendini yenilemesinin yeni bir başlangıcının atmosferini oluşturmak zorundadır, bu çalışmasında otantik bir yenilemedir. Başka bir deyişle, şu andan itibaren Yaradan'ın bölgesine doğru tüm arzusu ve tutkusu ile gelişmek için sorumluluğu aldığına dair sözünü verir, bir özlem ve yön ile ileri doğru hareket eder. Kişi katılmalı, birleşmeli ve orada olmalıdır. Kişi dar bir aralıktan geçerek bu "yer"den ya da bu dünyadan kaçmalıdır ve sadece Işık ile dolu olan dünyada yaşamalıdır. Kişinin bunu kendine nasıl hayal ettiği önemli değildir, önemli olan tek şey kendini

Michael Laitman

Niyetler

gündüz ve gece Yaradan'ın yönetiminde olduğunu hayal etmesidir. Bu, yeni bir başlangıçtır.

(*Yeni ay yemeği, Ekim 14, 2004*)

94) Kişi karşılaşacağı tüm engellerin, ona "O'ndan başkası yok" özelliğini yükleyeceğinden dolayı ona gireceğine ve onda zevkler olarak algılanacağına dair kararlar vermelidir. Zevkin algılanmasına dair bir arzu, niyet ya da düşünce vardır. Düşünce ve niyetimle Yaradan'da olduğuma dair ve arzumla noktada olduğuma dair kendimi kontrol etmeliyim. Eğer kendimi Yaradan ile tanımlarsam o zaman bu, "anlayışın üstüne çıkmak" olarak adlandırılır ve sonrasında her zaman keyifli olurum. Keyif tüm problemleri Yaradan'la ilişkilendirdiğimin göstergesidir. Bu kararı veren noktada kalarak, her zaman zevki deneyimlerim. Bu tarz analizleri çalışmamızın aşamalarının her seviyesinde yerine getirmemiz gereklidir. Özetle, kişinin başka yapması gereken bir şey yoktur, sadece "O'ndan başkası yok" makalesini anlaması gereklidir. Bu makalede Baal HaSulam, bizim için özel bir plan sunmaktadır. Kendimizi Yaradan'a göre bu plana uygun olarak elimizden geldiği kadar, bu algılamada ve yönde kalmak için, engellere rağmen deneyerek inşa etmeliyiz. Engeller geldiği zaman, onlarla içsel olarak nasıl ilgileneceğimizi, her birimizin manevi edinimle Yaradan'ın insan içindeki kıyafetlenmesini O'na özlemimize dayanarak bileceğiz.

Bu, ev sahibinin eve girmesi içindir. Kişi ihsan etmek için bir kap, araç olur. En kolay şey Yaradan'ın içimde kıyafetlenmesi durumunu hayal etmektir. "İçimde" ne demektir? Anlamı şudur: beynimde, kalbimde, zihnimde ve tüm organlarımda. Hatta Yaradan'ın daha çok bir "hayalet" gibi insanlara hükmettiğini hayal edebilirsiniz. Benim

Niyetler   Michael Laitman

içimden hareket eder ve ben sadece bunun gerçekleştiğini bilmek istiyorum. Benim içimde hareket etmesinden başka, hiçbir arzum, düşüncem ya da aksiyonum yoktur. Kişi illüzyonların içine düşmezse ve azar azar, engellere rağmen kendini eğiterek Yaradan'ın tekliğini aramayı denerse, o zaman diyebiliriz ki bu kişi, "O'ndan başkası yok" yolunu takip etmektedir.

(Günlük Makale, Aralık 15, 2004)

95) "Bana yeteneği ver", bu anlayışın ve her şeyin üzerindeki yalvarmadır. Eğer altta olan talep ederse o zaman Üstte olan ona daha evvel niteliğini bilmediği yeni bir güç verir. Bu, "Emek verdi ve buldu" olarak adlandırılır. Üstte olan, altta olana ihsan etme gücünü verir. Bu durumda, Üstte olanın AHP'ı ilgili derecesine parıldamaya başlar ve altta olan büyümeye başlar. Bu şekilde Üstte olan ile ilk karşılaşma, kişinin karanlıkta yaşadığını hissetmesi ile yer alır, fakat yine de bu karanlığın ona Yukarıdan gönderildiğini anlar. Bu, çalışmanın başladığı yerdir. Eğer kişi gerçekten, doğru olan için şiddetli arzu duyuyorsa, sadece hoş bir duygu yerine, o zaman Üst olan ile doğru ilişki için çalışmayı üstlenir ve gelişmeye başlar.

Pratik olarak, çalışmamız eğer algılarsak her zaman karanlığın üzerinden yükselme içinde yer alır. Ancak karanlığın kendisi hâlâ kalabilir fakat siz karanlığın içindeyken Üstte olan ile birleşmek istiyorsunuz.

"Bana kuvveti ver ki bu sayede bu karanlık ve ihsan etmenin bu durumu bana, alma kabımın sahip olduğu duyulara rağmen, en iyi mümkün şey olarak görünecektir." Bu, gitgide daha net hale gelir.

(2 Mart, 2005)

Michael Laitman  Niyetler

96) Bugün gerçekleştirmiş olduğumuz ve "niyetler" ya da "dostlarla yaptıklarımız" olarak adlandırdığımız çabalar ile bizi ıslah eden Işığın etkisi olarak yukarıdan aldığımız sonuçlar arasındaki farkları izah etmemiz mümkün değildir. Bu Işık içimde doğaüstü bir nitelik yaratır ve ben tek bir hedef için tutkuyla Yaradan'a içimden gelerek vermek için arzu duymaya başlarım. Vermek, hepsi budur. Bu tıpkı, benim kendi içimden çıkarak, kendim ile olan tüm bağlantımı kaybederek, kendi ilgilerim için tüm hesaplamaları arkamda bırakmam gibidir. İstemiş olduğum tek şey, O'nun benden almasıdır ve ben bu sayede iyi hissederim. Ancak, bu hoş duygu benim aksiyonumdan ayrıdır. Başka bir deyişle, O'na vermek bende iyi olarak hissedilir fakat ben bu zevk uğruna hareket etmem.

Bu, bana ifşa olan yeni bir kaptır (his). Başlangıçta, kişinin kendinden ayrı olarak ifşa olur ve "Galgalta ve Eynayim" olarak adlandırılır. Ben basitçe O'nun iyi hissetmesi için O'na ihsan etmek isterim. Hissettiğim hoş olan duygu beni bir şeyler yapmaya itmez, yerine sadece kendimden çıkmak ve vermeye başlamak isterim. Bu, kendimden nasıl çıktığımı ve kendimi Yaradan'a kalbim ve aklımla tutturmayı hissetmem gibidir. Bu niteliklerin derece derece kazanılması, Galgalta ve Eynayim'in kazanılmasını işaret eder ve birçok seviyelere bölünmüştür. Başlangıçta sadece ihsan etme arzusu için konuşuyoruz, bu "fetus" seviyesidir. Sonrasında zevk için olan arzuların üzerinde ifşa olmaya başlar ve bu "küçük" ve "büyük" seviyeler olarak adlandırılırlar (Katnut ve Gadlut). Bu, zaten çabaların sarf edildiği çalışmanın içindedir. Sadece kendimden ayrılarak, ihsan etmeye tutunmam. İçimde olan tüm kirliliğime rağmen yine de kendimi Üst seviyeyle ilişkilendirmem lazım. Bu zaten, "küçük" denilen hal ve bu süreçte ulaşmadaki AHaP'ın arka planındaki Galgalta ve Eynayim'in analizidir.

(Şubat Dersi 25, 2005, Merdivenin Basamakları, 2.Bölüm, Makale 586)

97) Kendimizi spesifik bir niyet için arzu eder hale getiremeyiz, bunu anlayamayız ve bunun neye benzeyeceğini varsayamaz ve nasıl olacağını gösteremeyiz. Niyet kişide kıyafetlenmiş, Yaradan'ın doğası olarak belirir. Bu yüzden sadece aksiyonları yerine getirmeliyiz, tıpkı söylendiği gibi: "Kaynaklardaki tüm önerileri yerine getirmemiz gizlenen Yaradan içindir ve ifşa olan oğullarımız içindir". Bu şekilde, tüm seviyelerde bizim için hazırlanmış olunan tüm koşulları yerine getirmeliyiz ve bununla birlikte yukarıdan doğru niyetleri hediye olarak alabiliriz. Niyet hakkında şu söylenir: "Çabaladı ve buldu". TES'te çalışmış olduğumuz gibi, çaba ben denediğimde yerine gelir. Gizlilik döneminde, Yaradan'ı mecbur bırakan, belirleyen, yöneten, kollayan ve kontrol eden olarak ifşa etmeye çalışırım. Çaba, bu Yüce Kuvveti ifşa etmeyi arzulamam ve O'nun krallığında yer aldığımı keşfetmem gerçeğinden oluşur. Sonrasında, bunun sonucu "Yaradan tarafından kutsanan alan" olur. Bunu gerçekleştirerek Yakup ve Yusuf olarak ya da sağ ve sol çizgi olarak adlandırılan nitelikleri aynı zamanda orta çizgi olan niyeti açığa kavuşturmuş olurum.

(25 Şubat dersi, 2005, Merdiven'in Basamakları, 2. Bölüm, Makale 586)

98) Kabalistlerin nesilleri bizlere bakıyorlar ve bizleri yukarıdan gözlemliyorlar ve gerçekten dünya genelinde büyük bir umut var. Dünya anlamıyor ve sadece iyi hissetmeyi isteyen fakat bunun nasıl gerçekleşmesi gerektiğini bilmeyen küçük bir çocuk gibi, bilen birilerini bekliyor. Bizler bir görev üstlendik ya da yukarıdan verilen bir ağırlık ve çıkış yolumuz yok; dünyaya kurtuluşu

Michael Laitman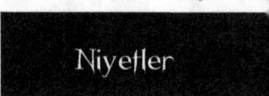

Niyetler

getirmeliyiz. Herkes düşünmeli ve anlamalı ki bir çıkış yolu yok; yukarıdan yöneten el bizleri hareket etmeye mecbur bırakıyor. Sonrasında bu, gerçekte gerçekleşecektir.

(Yeni ay yemeği, Ekim 14, 2004)

BNEY BARUH HAKKINDA

Bney Baruh, Kabala bilgeliğini tüm dünya ile paylaşan büyük bir Kabalistler grubudur. 38 den fazla dildeki çalışma araçları bir nesilden diğerine geçmiş otantik Kabala metinlerini temel alır.

Mesaj

Bney Baruh dünya çapındaki binlerce öğrencinin birçok çeşitli hareketinden oluşmaktadır. Her öğrenci kendi kişisel koşullarına ve yeteneklerine göre kendi yolunu ve yoğunluğunu seçer.

Son yıllarda grup, orijinal Kabala kaynaklarını çağdaş bir dille sunan gönüllü eğitim projeleriyle uğraşan bir hareket olarak büyüdü. Bney Baruh tarafından dağıtımı yapılan mesajın özü insanların birlik olması, ulusların birliği ve insan sevgisidir.

Binlerce yıldır, Kabalistler insan sevgisinin yaratılışın temeli olduğunu öğretmektedirler. Bney Baruh kesinlikle Din, Irk, Dil, v.b. bir ayırım gözetmez. Bu sevgi Hz. İbrahim'in, Hz. Musa'nın ve onların kurduğu Kabalist grupların günlerinden beri hakim olmuştur. İnsan sevgisi temelsiz nefrete dönüştüğü zamanlarda, millet sürgün ve ızdırap içine düşmüştür. Eğer bu eski-ama-yeni değerler için bir yer açarsak, farklılıklarımızı bir kenara koyup birleşmek için gerekli olan güce sahip olduğumuzu keşfedeceğiz.

Bin yıldan beri gizlenmiş olan Kabala bilgeliği şimdi açığa çıkıyor. Bizim yeterince geliştiğimiz ve onun mesajını uygulamaya hazır olduğumuz bir zaman için bekliyordu. Bugün Kabala ulusların kendi içlerindeki ve uluslar arasındaki gruplaşmaları, ayrılıkları birey ve toplum olarak çok daha iyi bir durumda birleştirecek bir mesaj ve çözüm olarak ortaya çıkmaktadır.

Tarih ve Kökeni

Kabalist Michael Laitman, Ontoloji (Varlık Bilimi) ve Bilgi Kuramı Profesörü, Felsefe ve Kabala konusunda doktora, Tıbbi Bio-Sibernetik konusunda yüksek lisans yapmıştır ve 1991 de, hocası Kabalist Baruh Şalom HaLevi Aşlag'ın (Rabaş) vefatından sonra Bney Baruh adlı Kabalist grubunu kurmuştur.

Kabalist Michael Laitman akıl hocasını anmak için onun anısına grubuna Bney Baruh (Baruh'un Oğulları) adını verdi. Hayatının son 12 yılında, 1979 dan 1991 e kadar onun yanından hiç ayrılmadı. Kabalist Laitman, Aşlag'ın en önemli öğrencisi ve özel asistanıydı ve onun öğretim metodunun takipçisi olarak tanındı.

Rabaş 20.yüzyılın en büyük Kabalisti Yehuda Leib HaLevi Aşlag'ın ilk oğlu ve takipçisidir. Yehuda Aşlag, Zohar kitabı üzerine yazılmış en kapsamlı ve en saygın tefsirin yazarıdır. Sulam Tefsiri (Merdiven Tefsiri) manevi yükseliş için eksiksiz bir metod ifşa eden ilk Zohar tefsiridir.

Bney Baruh tüm çalışma metodunu bu büyük manevi liderler tarafından kazılmış yol üzerine temellendirir.

Kabala Dersleri

Yüzyıllardır Kabalistlerin yaptığı gibi ve Bney Baruh faaliyetlerinin odağındaki en önemli ögesi olarak, Kabalist Laitman Bney Baruh'un İsraildeki merkezinde her gün 03.00-

06:00 (İsrail ve Türkiye saatiyle) arası verdiği dersler yer almaktadır. Dersler simultane olarak 7 dilde; İngilizce, Rusşa, İspanyolca, Almanca, İtalyanca, Fransızca ve Türkçe olarak çevirilmektedir.

Tüm Bney Baruh faaliyetleri gibi canlı yayınlarda dünyanın her yerinden olan binlerce öğrenci için ücretsiz olarak sunulmaktadır.

Finansman

Bney Baruh Kabala bilgeliğini paylaşmak üzere kâr amacı gütmeyen bir organizasyon olarak kurulmuştur. Bağımsızlığını ve niyetlerin saflığını koruyabilmek için Bney Baruh hiçbir devlet ya da politik oluşum tarafından desteklenmemektedir, fonlanmamaktadır ya da hiçbir kuruluşa bağlı değildir.

Çoğunlukla bu aktiviteler ücretsiz olarak sunulduğu için, grup aktivitelerinin temel kaynağı öğrencilerin gönüllü olarak katkıda bulunmalarından oluşmaktadır.

Kabalist Michael Laitman'ın Kabala'yı Arayışı

Bir çok derste ve röportajda Kabala'ya nasıl geldiğim bana sürekli sorulan bir sorudur. Kabala'dan uzak bir takım konuların içerisinde olsaydım muhtemelen bu sorunun geçerliliğini anlayabilirdim. Ancak Kabala hayatımızın amacının öğretisidir; hepimize çok yakın ve her birimizi ilgilendiren bir konu! Dolayısıyla bence daha uygun bir soru, Kabala'nın kişinin kendisi ve hayat ile ilgili soruları içinde barındırdığını nasıl bulduğum olmalı. Yani soru, "Kabala'yı nasıl keşfettiniz?" değil, "Neden Kabala ile ilgileniyorsunuz?" olmalı.

Hâlâ çocukluk çağındayken, tıpkı bir çok insan gibi, neden var olduğum sorusunu sordum. Bu soru, dünyevi zevklerin peşinde koşarak bu soruyu bastırmadığım anlarda sürekli beni rahatsız ediyordu. Bununla beraber, bu soruyu defalarca suni şeylerle, örneğin ilginç bir meslek edinip kendimi yıllarca işime adayarak ya da uzun yıllar peşinde koştuğum kendi ülkeme göç etmekle bastırmaya çalıştım.

1974 yılında İsrail'e geldiğimde de hayatın manası nedir sorusuyla hâlâ boğuşuyordum; yaşamaya değecek bir neden bulmaya çalıştım. Elimdeki imkânları kullanarak eski konuları (politika, iş hayatı vs) farklı yorumlarla ele alıp herkes gibi olmaya çalışsam da hâlâ bu ısrarlı soruyu silip atamıyordum: Hangi nedenden dolayı tüm bu şeyleri yapmaya devam ediyorum? Diğer herkese benzeyerek ne elde ediyorum?

Maddi ve manevi zorlukların etkisiyle beraber realiteyle başa çıkamayacağımın farkına varmam 1976 yılında beni dindar bir hayat yaşamaya getirdi, ümidim bu hayat tarzının bana daha uygun düşünceler ve fikirler getireceği ve yapıma daha uygun olacağı inancıydı.

Hiçbir zaman insanlığa özel bir meylim olmadı, sosyal bilimler, psikoloji ya da Dostoyevski'nin derinliğinin değerini ölçecek bir ilgiye sahip değildim. Sosyal bilimlerdeki tüm ilgim hep alelâde seviyedeydi. Belli bir düşünce ya da hissin derinliğinden kaynaklanmıyordu.

Buna rağmen, çocukluğumun erken dönemlerinden beri bilime güçlü bir çekim hissediyordum ve sanırım bu bana çok faydalı oldu.

1978 yılında tesadüfen Kabala dersleri için bir reklam gördüm. Hemen gidip kayıt yaptırdım ve doğamın geleneksel heyecanıyla Kabala'ya daldım. Bir çok kitap aldım ve bazen haftalarımı bile alsa cevaplar bulabilmek için bu kitapları derinlemesine çalışmaya başladım.

Hayatımda ilk kez böylesine derinden, özümden etkilenmiştim ve anladım ki benim ilgi alanım buydu çünkü yıllardır kafamı karıştıran konuların hepsiyle ilgileniyordu.

Gerçek bir öğretmen aramaya başladım, tüm ülkeyi dolandım ve bir çok yerde derslere katıldım. Ama içimden bir ses sürekli esas Kabala'nın bu olmadığını söylüyordu, çünkü benden değil soyut ve uzak şeylerden bahsediyordu.

Tüm bulduğum hocaları terk ettikten sonra bana yakın bir arkadaşımın da Kabala'ya ilgi duymasını sağladım. Akşamlarımızı birlikte, bulabildiğimiz tüm Kabala kitaplarını çalışarak geçirirdik. Bu aylarca sürdü.

1980 yılında soğuk, yağmurlu bir kış gecesi, Pardes Rimonim ve Tal Orot kitaplarını çalışmak yerine, çaresizlikten, kendimi de şaşırtacak şekilde arkadaşıma Bney-Barak şehrine gidip bir hoca arayalım dedim.

Orada bir hoca bulursak derslere katılmak bizim için uygun olur diye de teklifimi haklı çıkarmaya çalıştım. O güne kadar Bney-Barak şehrini sadece birkaç kere Kabala kitapları ararken ziyaret etmiştim.

O gece Bney-Barak soğuk, rüzgarlı ve yağmurluydu. Kabalist Akiva ve Hazon-İsh dört yoluna geldiğimizde camı indirip sokağın öteki tarafında uzun siyah palto giymiş bir adama seslendim: "Buralarda nerede Kabala çalışırlar bana söyler misin?" Dinci bir mahallenin ne tür bir atmosferi olduğunu bilmeyenler için bu sorunun kulağa çok garip geleceğini söyleyebilirim. Kabala hiçbir dini eğitim okulunda öğretilmiyordu. Hatta Kabala'ya ilgi duyduğunu başkasına söyleyecek kişiler bile bulmak mümkün değildi. Ancak sokağın karşı tarafında duran bu yabancı, sanki hiç şaşırmamışçasına bana cevap verdi: "Sola dön ve turunç bahçelerine gelene kadar devam et, orada bir bina var. Orada Kabala öğretiyorlar."

Tarif edilen yere geldiğimizde karanlık bir bina bulduk. İçeriye girdiğimizde yan bir odada uzun bir masa gördük. Masada dört beş tane uzun ak sakallı adam vardı. Kendimi tanıttım ve Rehovot'tan geldiğimizi söyleyip Kabala çalışmak istediğimizi ekledim. Masanın başında oturan yaşlı adam bizi katılmaya davet etti ve ders bittikten sonra konuşuruz dedi.

Sonra ders Zohar Kitabı'ndan Sulam tefsiriyle bir bölüm okuyarak, yarı Aşkenazi (Yidiş) dili mırıldanarak ve sadece yarı bakışlarla insanların birbirlerini anladığı bir ortamda devam etti.

Bu insanları görüp dinledikten sonra sadece yaşlılıklarını geçirmek için bir araya gelen bir grup adam sandım, henüz akşam fazla geç değildi ve Kabala çalışabileceğimiz bir yer daha bulmak için zamanımız vardı. Ama arkadaşım beni durdurdu ve bu kadar kaba davranmamın uygun olmadığını söyledi. Birkaç dakika sonra da ders sona ermişti ve yaşlı adam kim olduğumuzu öğrendikten sonra telefon numaralarımızı istedi. Bizim için uygun bir hocanın kim olabileceğini düşünüp haber vereceğini söyledi. Bunun da çabamızı daha önceleri gibi boşa harcamaktan başka bir şey olmayacağını düşündüğümden telefon numaramı vermekte biraz çekingendim. Benim tereddüdümü hisseden arkadaşım kendi numarasını verdi. Ve iyi akşamlar diyerek oradan ayrıldık.

Ertesi akşam arkadaşım evime geldi ve yaşlı adamın kendisini arayıp bize bir hoca ayarladığını ve hatta ilk dersin o akşam olduğunu söyledi. Bir geceyi tekrar boşa geçirmek istemiyordum ama arkadaşımın arzusuna boyun eğdim.

Tekrar oraya gittik. Yaşlı adam bir başkasını çağırdı, kendisinden biraz daha genç fakat onun gibi beyaz sakallı biri; genç adama Yidiş dilinde birkaç kelime söyledi ve ayrılarak bizi yalnız bıraktı. Hocamız hemen oturup çalışmaya başlayalım dedi. Bir makale ile başlamayı tavsiye etti "Kabala'ya Giriş"; ben ve arkadaşım bu makaleyi daha önce defalarca anlamaya çalışmıştık.

Boş odadaki masalardan birine oturduk. Bizlere her paragrafı açıklayarak tek tek okumaya başladı. O anı hatırlamak benim için her zaman çok zordur; yıllarca arayıp da hiçbir yerde bulamadıktan sonra sonunda aradığımı bulduğuma dair keskin bir his vardı içimde. Dersin sonunda bir sonraki gün için ders ayarladık.

Ertesi gün bir kayıt cihazıyla geldim. Esas derslerin her sabah saat 3 ile 6 arasında olduğunu öğrendikten sonra, her gece gelmeye başladık. Ayrıca her ay yeni ayı kutlama yemeklerine de katılmaya başladık ve herkes gibi merkezin masraflarına katkıda bulunup aylık ödemelerimizi yapmaya başladık.

Her şeyi ille de kendim keşfedeceğim arzusuyla genellikle de biraz agresif olarak sık sık tartışmalara girdim. Ve bizlerle olan tüm olaylar grubun hocasına hep gidiyordu ve o da bizler hakkında sürekli soru soruyormuş. Bir gün bizim hocamız sabah dersinden sonra saat 7 gibi grubun büyük hocasının benimle "Zohar Kitabı'na Giriş" kitabını çalışabileceğini söyledi. Ancak, birkaç ders sonra benim bu derslerden hiçbir şey anlamadığımı görünce, kendi hocam aracılığıyla bu derslerin durdurulacağını söyledi.

Hiçbir şey anlamamama rağmen onunla çalışmaya devam etmeye razıydım. İçsel anlamlarına inebilme ihtiyacının dürtüsüyle, sadece mekanik olarak okumaya bile hazırdım. Çok alınmama rağmen zamanımın gelmediğini bilmiş olsa gerek ki dersleri sona erdirdi.

Aradan altı yedi ay geçti ve bizim hocamız vasıtasıyla büyük hocamız onu arabamla doktora götürüp götüremeyeceğimi sormuş. Elbette hemen kabul ettim. Yolda bana bir çok konudan bahsetti. Ben ise ona Kabala ile ilgili sorular sormaya çalışıyordum. Ve o yolculukta bana, şu an ben hiçbir şey anlamıyorken benimle her şeyden konuşabileceğini ama gelecekte anlamaya başladıkça benimle bu kadar açık konuşmayacağını söyledi.

Ve aynen söylediği gibi oldu. Yıllarca sorularıma cevap vermedi bana şöyle derdi "Kimden talep edeceğini biliyorsun" yani Yaradan'dan bahsediyordu, "talep et, sor, yalvar, iste, ne istiyorsan yap, her şeyi O'na yönlendir ve her şeyi O'ndan talep et!"

Doktor ziyaretlerimiz pek bir işe yaramadı ve kendisini kulak iltihabından koca bir ay hastaneye yatırmak zorunda kaldık. Bu zamana kadar hocamı bir çok kez doktora götürdüm; ve hastaneye alındığı gün geceyi onun yanında geçirmeye karar verdim. Tüm bir ay boyunca hastaneye sabah 4'de gelir, telleri tırmanır, görünmeden binaya girerdim ve çalışmaya başlardık. Tüm bir ay boyunca! O zamandan sonra Kabalist Baruh Şalom Halevi Aşlag, Baal HaSulam'ın en büyük oğlu, benim hocam oldu.

Hastaneden ayrıldıktan sonra, sık sık parklara uzun yürüyüşlere gittik. Bu yürüyüşlerden döndükten sonra duyduğum her şeyi harıl harıl yazardım. Bu sık yürüyüşler her gün üç dört saat sürerdi ve zaman içinde alışkanlık oldu.

İlk iki yıl boyunca hocama sürekli daha yakına taşınabilir miyim diye sordum, ama yakında oturmamın bir gereklilik olmadığını hatta Rehovot'a gidiş gelişlerimin manevi çalışma açısından çaba olduğunu söyledi. Ancak, iki yıl sonra hocam yakına taşınmamı ve Bney-Barak'ta yaşamamı kendisi tavsiye etti ve nedendir bilinmez pek bir acelem yoktu. O kadar yavaş hareket ediyordum ki bu konuda, hocam gidip benim için kendisine yakın bir apartman dairesi buldu ve taşınmamı söyledi.

Hâlâ Rehovot'ta yaşarken hocama daha önce katıldığım bir merkezde Kabala çalışmaya teşebbüs eden birkaç kişiye ders verebilir miyim diye sordum. Bu haberi fazla heyecanlı karşılamasa da daha sonraları derslerimin nasıl gittiğini sordu. Kendisine Bney-Barak'taki grubumuza yeni kişileri davet edebileceğimi söylediğim zaman kabul etti.

Sonuç olarak bir çok genç erkek grubumuza katıldı ve birden tüm merkez cıvıl cıvıl hayat dolu bir yer oldu. İlk altı ayda yaklaşık on kadar düğün oldu. Hocamın hayatı ve günleri sanki yeni bir anlam kazanmıştı. Birçok insanın Kabala çalışmak istediğini görmesi kendisini çok memnun etmişti.

Günümüz genellikle sabah saat 3'de başlardı ve sabah saat 6'ya kadar çalışırdık. Her gün sabah saat 9'dan 12'ye kadar parka yürüyüşe ya da denize giderdik.

Döndükten sonra ben evime çalışmaya giderdim. Sonra tekrar eve giderdim ve sabah saat 3'de tekrar derse katılırdım. Bu şekilde yıllarca devam ettik. Tüm dersleri kasete kayıt ederdim, derslerin kayıtları bini geçti.

Son beş yılımızda, 1987'den itibaren, hocam beraber Tiberias'a yolculuk etmemizin iyi olacağını söyledi ve her iki haftada bir iki günlüğüne Tiberias'a giderdik. Bizi herkesten ayıran bu geziler aramızda bir yakınlaşmaya sebep oldu. Ama zamanla aramızdaki manevi algılayışın farkından kaynaklanan mesafe içimde giderek büyümeye başladı ve bu mesafeyi nasıl kapatacağımı bir türlü bilemedim. Bu mesafeyi, o yaşlı adamın her defasında fiziksel bir ihtiyacı nasıl geri çevirerek mutlu olduğunu net olarak algılayabildiğimde görebiliyordum.

Onun için sonucun net olduğu bir şey kanundu, ister yorgun olsun ister hasta günlük çalışma programı son derece disiplinli uygulanıyordu. Yorgunluktan yığılacak bile olsa günün gerekli olan tüm planını her detayıyla eksiksiz yerine getirirdi ve üstlendiği hiçbir şeyi tam halletmeden bırakmazdı. Yorgunluktan nefessiz kalıp, nefes darlığı çekmesine rağmen bir dersini bile atlatmaz, sorumluluğunu hiçbir zaman bir başkasına devretmezdi.

Onun bu olağanüstü gücünün, amacının yüceliğinden ve Yaradan'dan geldiğini bilmeme rağmen, onu sürekli böyle gördüğümde kendime olan güvenim sarsılır ve başarılı olma ihtimalimin olmadığını düşünürdüm.

Onunla T'veria ve Meron dağına yaptığımız gezilerin bir anını bile unutmam mümkün değil. Uzun geceler onun karşısında oturur, bakışlarını, sözlerini ve mırıldandığı şarkıları içime alırdım. Bu hatıralar içimde hâlâ yaşıyor ve bugün bile benim yolumu belirleyip rehberlik ediyorlar. On iki yıl boyunca her gün bire bir çalışmamızdan içimde kalan tüm bilgi, bağımsız olarak yaşıyor ve işliyor.

Sık sık hocam bir konuşmasından sonra çok alakasız bir cümle söylerdi ve bunu bu cümlelerin dünyaya girip yaşaması ve işlevlerini yerine getirdiğinden emin olmak için yaptığını söylerdi.

Grup çalışması Kabalistler tarafından çok eski zamanlardan beri yapılmaktadır ve ben de hocamdan yeni gelenlerden böyle gruplar oluşturmasını ve bu grupların bir araya gelmelerini düzenleyecek yazılı bir plan talep ettim. Bu şekilde haftalık makale yazmaya başladı ve hayatının son günlerine kadar da devam etti.

Sonuç olarak bizlere kendisinden sonra bir araya getirdiğimiz bir çok ciltlik muazzam materyal kaldı ve yıllar boyunca biriktirdiğim kayıtlarla birlikte, Kabala ilmi üzerine çok geniş kapsamlı anlatımlar oluşturduk.

Yeni yıl kutlamaları esnasında, hocam aniden göğsündeki bir baskıdan dolayı rahatsızlandı. Ancak çok yoğun ısrardan sonra tıbbi bakıma girdi. Doktorlar kendisinde hiçbir hastalık ya da rahatsızlık bulamadılar, ama Tişrei ayının beşinci gününde 5752 (1991) yılında vefat etti.

Son yıllarda gruba katılan bir çok öğrenci hâlâ Kabala çalışmaya devam etmekte ve yaratılışın içsel anlamını araştırmaktadır. Öğreti yaşamaya devam etmektedir, tıpkı geçmiş yüz yıllarda olduğu gibi. Kabalist Yehuda Aşlag ve onun büyük oğlu, hocam Kabalist Baruh Aşlag, çabalarıyla bu öğretiyi bizim neslimizin ve zamanımızda dünyamıza inen ruhların ihtiyacına göre uyarladılar.

Manevi bilgi Kabaliste Yukarıdan kelimeler olmadan aktarılır ve tüm duyu organları ve akıl tarafından eş zamanlı algılanır. Dolayısıyla, bütünüyle anında algılanır.

Bu bilgi sadece bir Kabalistten, ya aynı ya da daha Üst Seviyedeki bir başka Kabaliste aktarılabilir. Aynı bilgiyi henüz o manevi seviyeye ya da manevi dünyaya gelmemiş bir insana aktarmak mümkün değildir, çünkü bu kişi gerekli algıdan yoksundur.

Bazen bir hoca kendi perdesiyle (Masah) öğrencisini geçici olarak kendi bulunduğu manevi seviyeye çekebilir. Bu durumda, öğrenci manevi güçlerin ve hareketlerin özüyle ilgili bir nosyon edinebilir.

Manevi dünyaya henüz geçmemiş bir kişi için standart bilgi aktarım yöntemleri uygulanır: yazılar, sözlü anlatım, direkt iletişim, kişisel örnek vs.

"Yaradan'ın İsimleri" adlı makaleden de bildiğimiz gibi harflerin tarifi anlamının ötesinde bir şey, yani içsel manevi mesajı aktarmak için kullanılabilir. Ancak kişi manevi anlamlarına tekabül eden algıları edinmediği sürece, kelimeleri okumak masaya boş tabaklar koymak ve yanlarına güzel yemeklerin isimlerini yazmak gibidir.

Müzik daha soyut bir şekilde bilgi aktarmaktadır. Bizim dünyamızı yöneten ve yedi kısımdan ya da Sefirot'tan oluşan manevi varlık "Atsilut'un Partsuf Zer Anpin'i" gerçeğinin ışığı altında, tıpkı görünebilen bir ışık gibi, yedi temel güç -nitelik- tondadır.

Bulunduğu duruma göre, kişi müziği besteleyen Kabalistin manevi koşullarını çıkarabilir. Bu kişi melodiyi oluşturan Kabalistle aynı seviyede olmak zorunda değildir; içsel manasını kişisel manevi derecesinin mümkün kıldığı kadarıyla kavrayabilir.

1996, 1998 ve 2000 yıllarında Baal HaSulam ve Rabaş'a ait üç müzik diski kaydedilmiş ve çıkartılmıştır. Melodiler Kabalist Laitman'ın hocası Kabalist Aşlag'dan duyduğu şekilde sunulmuştur. Sözlere ek olarak, melodilerin sesleri de bir çok Kabalistik bilgi taşımaktadır.

Kabala Bilimi - Herkes İçin Manevi İlim Kitabı

Çağımızın büyük Kabalistlerinden Yehuda Aşlag ve onun oğlu ve varisi Baruh Şalom Aşlag, yaşamın temel sorusuna cevap getirir: Hayatımın anlamı ne? Zohar ve Yaşam Ağacı kitaplarının yorumlarına dayandırılan bu kitapla günlük yaşamda Kabala ilminden nasıl faydalanacağımızı öğreniriz. Büyük Kabalistlerin otantik metinlerine ilave olarak, bu kitap, bu metinlerin anlaşılmasını sağlayan pek çok yardımcı makaleyle birlikte, Kabalistlerin deneyimlediği Üst Dünyaların evrimini betimleyen çizimlerden oluşur.

Kabala Bilimi kitabında, Baruh Aşlag'ın kişisel asistanı ve baş öğrencisi Michael Laitman, manevi dünyaları edinmeyi amaçlayan Kabala öğrencileri için kadim makaleleri uyarlamıştır. Laitman günlük derslerini bu ilham verici makalelere dayandırarak, Üst Alemlere muhteşem yolculuğumuzda izleyeceğimiz manevi yolu daha iyi anlamamız için bizlere yardımcı olur.

Merdivenin Sahibi

İnsanlık tarihinin en yıkıcı çağının şafağında, 20. yüzyılda, gizemli bir adam insanlık ve onun acılarının alışılmadık çözümüyle, sosyo-politik arenada ortaya çıktı. Kabalist Yehuda Ashlag, yazılarında açıklıkla ve tüm detaylarıyla öngördüğü savaşları, karışıklıkları ve daha çarpıcı olarak da bugün yüz yüze kaldığımız ekonomik, politik ve sosyal krizi anlattı. Birleşmiş bir insanlık için duyduğu derin özlem, onu Zohar Kitabını açmaya -ondaki eşsiz gücü- herkes için ulaşılabilir yapmaya zorladı.

Kabalist, kabala, maneviyat, özgür seçim ve realitenin algısıyla ilgili bildiğinizi düşündüğünüz her şeye arkasını dönen, sinematik bir romandır. En yüksek edinim derecesine ulaşmış, tüm realiteye hükmeden tek güçle direkt temas içindeki insanın, hissiyatını ve içsel çalışmasını aktarmaya çalışan kendi türündeki ilk romanıdır.

Kabalist, bilimsel bir açıklık ve şiirsel bir derinlikle birlik mesajı verir. Dinin, milliyetin, mistisizmin, uzay ve zamanın şeffaf yapısının ötesine geçerek, bize tüm insanlıkla beraber doğayla ahenk içinde olduğumuzda, tek mucizenin içimizdeki mucize olduğunu gösterir. Bize hepimizin Kabalist olabileceğini gösterir.

Ölümsüz Kitabın Sırları

Musa'nın beş kitabı, tüm zamanların en çok satan kitabı Tora'nın parçasıdır. Bu şekliyle Tora, şifreli bir metindir. Masalların ve efsanelerin altında, insanlığın en yüksek seviyeye doğru yükselişini— Yaradan'ın edinimi- anlatan bir alt metin saklıdır.

Ölümsüz Kitabın Sırları, Tora'nın Yaratılış ve İsrail Halkının Mısır'dan sürgünü hikayeleri gibi en gizemli ve sıklıkla alıntı yapılan dönemlerinin şifresini çözer. Yazarın enerjik ve kolay anlaşılır üslubu, insanın kendi dünyasını sadece arzu ve niyetle değiştirebildiği realitenin en derin seviyelerine, mükemmel bir giriş yapmanızı sağlar.

Kitabı okurken Tora'da anlatıldığı gibi olmuş veya olmamış fiziksel olayların seviyesinin ötesine geçiş yapacaksınız. İçinizde Firavun, Musa, Adem, Havva, hatta Habil ve Kabil'in olduğunu keşfedeceksiniz. Onların hepsi sizin bir parçanız. Onları içinizde keşfettikçe ve Ölümsüz Sevgiye, Yaradan'ın edinimine doğru ilerledikçe, bu gizli realitenin muhteşem hazineleriyle bizi ödüllendiren Yaradan'ın sonsuz sevgisini de keşfedeceksiniz.

Kişisel Çıkar Özgeciliğe Karşı

Bu kelimelerin yazıldığı zaman, dünya hala İkinci Dünya Savaşından beri en uzun gerileme sürecini geçiriyor. Tüm dünyada on milyonlarca insan, işlerini, birikimlerini, evlerini ve en önemlisi gelecekleri için olan ümitlerini kaybettiler.

Ancak krizler tarih boyunca sürekli olağandı. Bu krizi geçmiş krizlere kıyasla farklı kılan insanoğlunun şu anki gerginliğinin yapısıdır. Toplumumuz çatışma içeren iki uç noktaya doğru çekilmiştir – bir taraftan globalleşme ile gelen bağımlılık ve öteki taraftan da giderek büyüyen kişisel, sosyal ve politik narsizm. Bu koşul dünyanın daha önce hiç görmediği bir felaketin oluşumu!

Bu karanlık geleceğin önüne geçebilmek için, Kişisel Çıkar Özgeciliğe Karşı, bu dönemde dünyanın önünde bulunan sorunlarına yeni bir perspektif getirerek, insanoğlunun bir dizi hatasına bağlamaktansa, gereklilikten büyüyen egoizminin sonucu olarak değerlendirmektedir. Bu anlayışla, kitap egomuzu bastırmak yerine, toplumun iyiliği için kullanmanın gerekliliğini dile getirmektedir.

Kabala ve Bilim

Prof. Michael Laitman eşsiz ve etkileyici bir kişilik: Kabala ve bilimin sentezini anlaşılır bir şekilde gerçekleştiren yetenekli bir bilimadamı

—Daniel Matt, Tanrı ve Big Bang kitabının yazarı: Bilim, maneviyat ve Zohar arasındaki harmoniyi keşfetmek.

Bu gezegendeki geleceğimiz için kritik tercihler yapacağımız bir dönemde, kadim Kabala bilgeliği seçeneklerimizi hem arttırdı hem de yeniledi. Klasik kutsal yazılarda yer alan bilgelik, yüzleşmekte olduğumuz ve önümüze açılan fırsatları taşıyabilmemiz için getirilmeli ve bu mesaj tüm dünyada tüm insanlara ulaşılabilir yapılmalı. Prof. Michael Laitman, diğerlerinden farklı olarak bu çok önemli meydan okumayı başarmaya ve bu tarihi görevi yerine getirmeye yetecek güçtedir.

—Prof. Ervin Laszlo, Kaos Noktası, Bilim ve Akaşik Alan kitabı da dahil 72 kitabın yazar : Herşeyin Birleşik Teorisi

Kadın ve Kabala

Bir arzu sonucu ortaya çıkanı ellerinizde tutuyorsunuz. Birçok kadın bir araya gelerek, yeni gelen bütün kadınlara Kabala çalışmasında yardımcı olabilmek için bu kitapçık üzerinde çalıştı. Toplanan soruların tümü Bney Baruh Kabala Eğitim Merkezine yeni başlamış olan kadın öğrencilerin sordukları sorulardan olulmaktadır. Cevaplar Dr. Laitman'ın kitaplarından, derslerinden ve konuşmalarından alınmıştır. Sorulan sorular bizim maneviyatı edinmek isteme ihtiyacımızdan ortaya çıkmıştır: bizler buna açız, kalplerimiz bunun ağırlığında haykırıyor. Bizler kendimizi her şeyi yapabilecek duruma hazır, amaca doğru erkeklerimizi desteklemeye hazır buluyoruz.

Dr. Laitman bize der ki: "Kadınların karşılıklı sorumluluk hissiyatı içerisinde erkekleri uyandırmak ve onları bir araya getirmek için bağ kurmaları gerekir ki, erkekler birbirleri ile bağ kursunlar ve bu birlik sayesinde maneviyata erişsinler. Daha sonra erkekler arasındaki bu bağ ve karşılıklı sorumluluk sayesinde maneviyat kadınlara da geçecektir. Bunun sonucunda herkes bir bütün olacaktır –ulusun erkek ve dişi parçası veya bütün insanlığın."

Işığın Tadı

"Bu nesilde bulunduğum için mutluyum zira artık Kabala Bilgeliğini yaymak mümkün."

Kabalist Yehuda Aşlag – Baal HaSulam

Binlerce yılın sonunda gizli olan Kabala Bilgeliği bizim neslimizde ifşa olmaya başladı. "Işığın Tadı" adlı bu kitap bilgeliğin üzerine bir pencere açmakta. Kitap, günümüzün her bireyi için ilk defa duygularında tadacağı bir lezzet ve kalplerinde yoğun bir anlayış sağlayacaktır.

Bu kitap neslimizin en yüce kabalisti Dr. Michael Laitman'ın her sabah verdiği canlı derslerden derlenmiştir.

Kabalanın Sesi

Bizim neslimizin en sonuncusu olan Büyük Kabalist Baruh Aşlag'ın öğrencisi ve kişisel asistanı olmak benim için çok büyük bir ayrıcalıktır. Basitçe söylemek gerekirse, tüm içtenlik ve sevgimle ondan öğrendiklerimi okuyucularla paylaşmaktan çok mutlu olacağım.

Dr. Michael Laitman

Kabala'nin Sesi, Kabala makalelerinden seçilerek ve derlenerek hazırlanmış olup, bu otantik bilgeliğin zengin ve tam bir mozaiğini meydana getiren on bölümden oluşmaktadır.

Bir Demet Başak Gibi

Neden Birlik ve Karşılıklı Sorumluluk Bu Zamanın Çağrısıdır

Bu kitap, bazı Yahudilerin en ürkütücü ve gizemli sorularına ışık tutar: Bu gezegendeki rolümüz nedir? Bizler gerçekten "seçilmiş insanlar mıyız?" Eğer öyle isek, ne için seçildik? Anti-Semitizme neden olan nedir ve bu iyileştirilebilir mi?

Tüm zamanların Yahudi tarihçileri ve bilgelerinin sayısız referansının kullanıldığı bu kitap, Yahudilerin ulaşmak istediği ama bir o kadarda tanımlaması zor hedefini yerine getirmek için bir yol haritası sunar: sosyal bağlılık ve birlik. Gerçekte birlik, yalnızca Yahudilerin bunu sabırsızlıkla bekleyen dünyaya vereceği bir hediyedir.

Birlik olduğumuzda ve bunu tüm dünyayla paylaştığımızda huzur, kardeş sevgisi ve mutluluk tüm dünyada sonsuza kadar hüküm sürer.

Kabalaya Uyanış

Dünyanız değişmeye hazır. Bu neslin en büyük Kabalistinin rehberliğinde sizde bunu gerçekleştirin. Micheal Laitman, Kabalayı Yaradan'a yaklaşmayı sağlayan bir bilim olarak görür. Kabala yaratılış sistemini, Yaradan'ın bu sistemi nasıl yönettiğini ve yaratılışın bu seviyeye nasıl yükseleceğini çalışır. Kabala manevi doyuma ulaşma metodudur. Kabala çalışması ile siz de kalbinizi ve sonuç olarak yaşamınız başarıya, huzura ve mutluluğa doğru nasıl yönlendireceğinizi öğrenirsiniz.

Kadim ilim geleneğine bu farklı, özel ve hayranlık uyandıran girişiyle büyük Kabalist Baruh Aşlag (Rabaş)'ın öğrencisi Laitman bu kitapta, size Kabalanın temel öğretilerinin derin anlayışını ve bu ilmi başkalarıyla ve etrafınızdaki dünyayla ilişkilerinizi netleştirmek için nasıl kullanacağınızı anlatır. Hem bilimsel hem de şiirsel bir dil kullanarak, maneviyatın ve varoluşun en önemli sorularını araştırır:

Hayatımın anlamı ne? Neden dünyada keder var? Reenkarnasyon manevi yaşamın bir parçası mı? Mümkün olan en iyi varoluş aşamasını nasıl edinebilirim?

Bu eşsiz rehber, dünyanın ötesini ve günlük hayatın sınırlamalarını görmeniz, Yaradan'a yaklaşmanız ve ruhun derinliklerine ulaşmanız için size ilham verecek.

Erdemliliğin Yolu

Bugün Kabala Bilgeliğinin insanlığa bir mesajı var:

Günümüzün sorunlarını ancak birlik ve beraberlikle çözüme ulaştırabiliriz. Problemler raslantısal değil, onları gözardı etmemeliyiz. Dahası, oluşan durumu doğru bir biçimde değerlendirebilirsek hayatımız yeni, mutluluk ve sükunet dolu bir yöne akmaya başlayacaktır. Gelişi güzel değil, gayet bilinçli bir şekilde yaşamımıza yön verebiliriz.

Üst Dünyaları Edinmek

Micheal Laitman'ın sözleriyle, "Özü tam bir özgecilik ve sevgi olan manevi nitelikleri anlamak, insan idrakinin ötesindedir. Bunun sebebi insanoğlunun bu tip hislerin var olabileceğini kavrayamaması ve herhangi bir eylemi yerine getirmek için teşvik bekleyip, kişisel kazanç olmadan kendini büyütmeye hazır olmamasından kaynaklanmaktadır. Bu sebeple özgecilik gibi bir nitelik, insana Üstten verilir ve sadece deneyimleyenler bunu anlayabilir."

Üst Dünyaları Edinmek, yaşamımızda manevi yükselişin muhteşem doyumunu keşfetmemize olanak sağlayan ilk adımdır. Bu kitap, sorularına cevap arayan ve dünya fenomenini anlamak için güvenilir ve akılcı bir yol arayan tüm insanlar içindir. Kabala ilmine bu muhteşem giriş, aklı aydınlatacak, kalbi canlandıracak ve okuyucuyu ruhunun derinliklerine götürecek olan farkındalığı sağlar.

Zoharın Kilidini Açmak

Zohar Kitabı(Aydınlığın Kitabı), şimdiye kadar yazılmış en gizemli ve yanlış anlaşılan yapıtlardan biridir. Yıllar boyunca kendinde uyandırdığı hayranlık, şaşkınlık ve hatta korku emsalsizdir. Bu kitap tüm Yaratılışın sırlarını içermesine rağmen, bugüne kadar bu sırların üzeri bir gizem bulutuyla örtülmüştür.

Şimdi Zohar, insanlığa yol göstermek için ilmini tüm dünyanın gözleri önüne sermektedir, şöyle yazıldığı gibi (VaYera, madde 460), "Mesih'in günleri yaklaştıkça, çocuklar bile ilmin sırlarını keşfedecek." 20. Yüzyılın büyük Kabalistlerinden Yehuda Aşlag (1884-1954), bize Zohar'ın sırlarını açığa çıkaracak yepyeni bir yol göstermiştir. Bu yüce Kabalist, yaşamlarımıza hükmeden güçleri bilmemize yardım edecek ve kaderimize nasıl hükmedeceğimizi öğretecek, Zohar Kitabına giriş niteliğindeki dört kitabı ve Sulam (Merdiven) Tefsirini yazmıştır.

Zohar'ın Kilidini Açmak, üst dünyalara nihai yolculuğun davetiyesidir. Kabalist Dr. Michael Laitman, bilgece bizi Sulam Tefsirinin ifşasına götürür. Bu şekilde Laitman, düşüncelerimizi düzenlemekte ve kitabı okumaktan kaynaklanan manevi kazancımızı arttırmaktadır. Zohar Kitabıyla ilgili açıklamaların yanı sıra kitap, bu güçlü metnin kolay anlaşılması ve okunmasını sağlayan, özenle çevrilmiş ve derlenmiş Zohar kaynaklı sayısız ilham verici alıntıya da yer vermiştir.

Kalpteki Nokta

Hayatın elimizden kayıp gittiğini hissettiğimizde, toparlanmak için zamana ihtiyacınız olduğunda ve düşüncelerinizle baş başa kalmak istediğinizde, bu kitap içinizdeki pusulayı yeniden keşfetmenize yardım edecek. Kalpteki Nokta, ilmi sayesinde tüm dünyada ve Kuzey Amerika'da kendini ona adamış öğrenciler kazanmış bu insanın makalelerinden oluşan eşsiz bir kitaptır. Dr. Michael Laitman bir bilim adamı, Kabalist ve büyük saygı uyandırarak kadim ilmi temsil eden büyük bir düşünürdür. Bu fırtınalı günlerde popüler www.kabbalah.info sitesi vasıtasıyla, gerçeği ve sonsuz huzuru arayanlar için umut ışığı olmaktadır.

Açık Kitap

Bu kitap çok temel görünse de, Kabala'nın temel bilgisini ifade eden bir kitap olma niyetini taşımıyor. Daha ziyade, okuyucuların Kabala kavramlarına, manevi nesnelere ve manevi terimlere yaklaşımını ilerletmeye yardım içindir.

Kişi bu kitabı defalarca okuyarak içsel görüş ve duyu geliştirir ve daha önce içinde var olmayana yaklaşır. Bu yeni edinilen görüşler, sıradan duyularımızdan gizlenmiş olan boşluğu hisseden algılayıcılar gibidirler.

Dolayısıyla, bu kitap manevi terimlerin düşüncesini geliştirmeye yardım amaçlıdır. Bu terimlerle bütünleştiğimiz ölçüde, tıpkı bir sisin kalktığı gibi, etrafımızı saran manevi yapının ortaya çıkışını içsel gücümüzle görmeye başlayabiliriz.

Yine, bu kitap olguların çalışılmasını hedeflememiştir. Bunun yerine, yeni başlayanların sahip oldukları en derin ve en güç algılanan hisleri uyandırmak için yazılmış bir kitaptır.

Dost Sevgisi

Grubun Amacı

Burada, Baal HaSulam'ın yolunu ve metodunu takip etmek isteyen herkes, bir grup olmak için bir araya geldik ki hayvan olarak kalmayalım ve insan denilen varlığın derecelerinde yükselelim.

Rabaş'ın Yazıları, 1. Bölüm, "Topluluğun Amacı"

Erdemliliğin İncileri

Erdemliğin İncileri, tüm nesillerin büyük Kabalistlerinin yazılarından, makalelerinden özellikle de Zohar Kitabının Sulam(Merdiven) Tefsirinin yazarı Yehuda Aşlag'dan derlenen alıntılardan oluşur. Bu yapıt, kaynağı referans alarak, insan yaşamının her aşamasıyla ilgili Kabalanın yenilikçi kavramlarını açıklar. Kabala çalışmak isteyen herkes için eşsiz bir hediyedir.

İlişkiler

"Bilim ve kültürün gelişiminin yanı sıra, her nesil kendinden sonra gelen nesle, biriktirdiği ortak insanlık tecrübesini aktarır. Bu bellek bir nesilden diğerine, çürümüş bir tohumun enerjisinin yeni bir filize geçmesi gibi geçer. Belleğin aktarımında var olan tek şey, Reşimo veya enerjidir. Maddenin çürümesi gibi, insan bedeni de çürür ve tüm bilgi yükselen ruha aktarılır. Daha sonra bu ruh yeni bedene yerleşir ve bu bilgiyi veya Reşimo"yu hatırlar.

Genç bir çiftin çocuğunun dünyaya gelişinde tohumdan gelen bilgiyle, ölmüş bir insanın ruhunun yeni bir bedene geçerken beraberinde getirdiği bilgi, arasındaki fark nedir? Neticede anne ve baba hayatta ve çocukları da onlarla beraber yaşıyor! Hangi ruhlar, onların çocukları oldu?

Yüzyıllar boyunca tüm uluslar, doğal olarak sahip oldukları tüm bilgiyi miras yoluyla çocuklarına geçirmek için büyük bir arzu duydular. Onlara en iyi ve en değerli olanı aktarmak istediler. Bunu aktarmanın en iyi yolu yetiştirme tarzı, bilgiyi öğretmek, kutsal olduğu düşünülen fiziksel eylemler yöntemi ile düzenli toplum oluşturmaya çalışmak değildir.

Kabalanın Temel Kavramları

Bu kitabı okuyarak kişi daha önce var olmayan içsel alametler geliştirir.

Bu kitap, manevi terimlerin analizini hedefler. Bu terimlere uyumlu olmaya başladıkça, etrafımızı saran manevi yapının tıpkı bir sisin kaybolmaya başlaması gibi örtüsünü açmaya başladığına tanık oluruz.

Kabala kitapları, Baal HaSulam'ın dünyayı kötülüklerden kurtarmanın sadece ıslah metodunu yaymaya bağlı olduğunu belirten yönlendirmelerini izlemeyi amaçlamıştır, tıpkı şöyle dediği gibi, "Eğer gizli olan ilmi kitlelere nasıl yayacağımızı bilirsek, kurtuluşun tam eşiğindeki bir nesil oluruz."

Bu gerçekleştirmenin tek yolu olan Kabala kitaplarını tüm dünyayla paylaşmak olduğunu biliyoruz. Bu sebeple tüm bu kitapları internette ücretsiz olarak yayınlıyoruz. Amacımız her köşeye bu ilmi mümkün olduğunca yaymaktır. Basılmış kitapları pek çok insana ulaştırabilir, onlar vasıtasıyla ilmin başkalarına yayılmasına yardım edebilirsiniz.

Kabalanın İfşası

Kabalaya gizli ilim denilmesinin 3 nedeni vardır. Birincisi kabalistler tarafından özellikle gizlenilmiş olduğundan. Kabalanın insanlara öğretilmesi ilk 4000 yıl kadar öncelerine Hazreti İbrahim'e dayanmaktadır MÖ 1947-1948 yıllarına. Milat tarihinin başlangıcına kadar geçen 2000 yıllık süreçte bu öğreti gizlenmeden halka öğretilmekteydi. Hz İbrahim'in çadırının önünde oturup geçen yolculara gösterdiği misafirperverlik hikâyesini biliyoruz. Sunduğu yiyecek ve içeceklerle birlikte aynı zamanda insanlara bu ilmi anlattığını da biliyoruz. O dönemlerde var olan ruhlar bizim neslimize göre daha arıydılar ve bu öğretiyi daha doğal olarak anlayabildiler.

Kabalanın Gizli Bilgeliği

Artan krizler dünyasında, fırtınanın ortasında bir ışığa, yanlış giden şeylerin nereden kaynaklandığını görmemizi sağlayan ve en önemlisi de dünyamızı ve yaşamlarımızı daha huzurlu ve yaşanabilir kılmak için ne yapmamız gerektiğini öğreten bir rehbere ihtiyacımız var. Bu temel ihtiyaçlar sebebiyle bugün Kabala ilmi milyonlara ifşa olmuştur. Kabala, yaşamı geliştirme metodu olarak düzenlenmiştir. Kabala bir araç ve Kabala İlminin Gizli Bilgeliği bu aracı nasıl kullanacağımızı öğreten bir yöntemdir. Bu rehber, bu kadim bilimi günlük yaşantımıza uyarlamanın yanı sıra, Kabalanın temellerini öğrenmek için ihtiyacınız olan bilgiyi bize sunar.

Kaostan Ahenge

Kaostan Ahenge: Kabala İlmine Göre Küresel Krizin Çözümü, dünyanın bugün içinde bulunduğu endişe verici aşamasına yol açan unsurları açığa çıkarır.

Birçok araştırmacı ve bilim adamının hemfikir olduğu gibi, insanoğlunun sorunlarının kaynağı insan egosudur. Laitman'nın çığır açan yeni kitabı sadece insanlık tarihi boyunca tüm acıların kaynağı olan egonun ifşasını değil, aynı zamanda egolarımıza bağlı olarak, mutluluğa nasıl ulaşacağımızı ve sorunlarımızı nasıl fırsata dönüştüreceğimizi de açıklığa kavuşturur. Kitap iki bölümden oluşur. İlki, insan ruhunun analizi yaparak, ruhun nasıl egonun zehri olduğunu ortaya koyar. Bu kitap mutlu olmak için yapmamız gerekenlerin ve acıya sebep olduğu için kaçınmamız gerekenlerin bir haritasını çizer. Kitap boyunca Laitman'ın insanlık aşamasının analizi bilim kaynaklı veriler, çağdaş ve kadim Kabalistlerinden alınan örneklerle desteklenmiştir.

Kaostan Ahenge yeni bir varoluş aşamasına kolektif olarak yükselmemiz gerektiğini ve bu hedefi kişisel, sosyal, ulusal ve uluslararası seviyede nasıl başaracağımızı gösterir.

Niyetler

Derste otururken, sizinle beraber çalışanlar vasıtasıyla uyanan müşterek ruha bağlı olarak içsel değişimleri deneyimlersiniz. Herkes, siz de dahil, hepimizi birleştiren Kaynağa bağlanır... Beraber çalıştıkça hepimiz birbirimize bağlanmaya çalışırız. En önemli şey, herkesin aynı Kaynağa, aynı düşünceye bağlanmasıdır... Sadece bu güç bizi birbirimize bağlar.

Ruh ve Beden

Zamanın başlangıcından beri insan, varoluşun temel sorusuna cevap aramaktadır: Ben kimim, dünyanın ve benim var olmamızın sebebi ne, öldükten sonra bize ne oluyor? Hayatın anlamı ve amacı ile ilgili sorularımız, gündelik hayatın sınamaları ve acıları, küresel bir boyuta ulaştı – neden acı çekmek zorundayız? Bu sorulara cevap olmadığından, mümkün olan her yöne doğru araştırmalar yapılmaktadır.

Kadim inanç sistemleri, şimdilerde moda olan doğu öğretileri, bu arayışın bir parçasıdır. İnsanlık sürekli olarak varlığının akılcı kanıtını aramaktadır; insan binlerce yıldır doğanın kanunlarını araştırmaktadır.

Kabala bir bilim olarak bunun araştırılmasında bir yöntem öneriyor. Bu yöntem, insanın evrenin gizli olan bölümünü hissetme becerisini geliştirmesine olanak tanıyor. "Kabala" kelimesi "almak" demektir ve insanın en yüksek bilgiyi alma ve dünyayı doğru pencereden görme özlemini ifade eder.

Yarının Çocukları

Yarının Çocukları: 21. Yüzyılda Mutlu Çocuklar Yetiştirmenin Temel Esasları, siz ve çocuklarınız için yeni bir başlangıç olacaktır. Yeniden başlat düğmesine basabilmeyi ve bu sefer doğru olanı yapmayı hayal edin. Hiçbir mücadele, hiçbir sıkıntı ve en iyisi, hiçbir tahmin yok.

Büyük keşif şudur ki çocukları yetiştirmek, tamamen oyunlardan, onlarla oynamaktan, onlarla küçük yetişkinlermiş gibi ilişki kurmaktan ve tüm önemli kararları birlikte almaktan ibarettir. Çocuklara dostluk ve diğer insanların iyiliğini düşünmek gibi olumlu şeyleri öğretmekle, nasıl otomatik olarak günlük hayatınızın diğer alanlarını da etkilediğinizi görünce şaşıracaksınız.

Herhangi bir sayfayı açın ve orada, çocukların yaşamlarına ait her alana dair düşünceleri sorgulatan sözler bulacaksınız: ebeveyn – çocuk ilişkileri, dostluklar ve sürtüşmeler, okullar nasıl tasarlanır ve nasıl işler konusunda açık, net bir tablo. Bu kitap, her yerdeki tüm çocukların mutluluğunu amaç edinerek, çocukların nasıl yetiştirileceğine dair taze bir bakış açısı sunuyor.

Sonsuza Kadar Birlikte

Yani, eğer bir gün siz de kalbinizin derinlerinde, hafif bir "Şak!" hissederseniz, bilin ki şefkatli ve bilge bir sihirbaz size sesleniyor, çünkü sizin dostunuz olmak istiyor.

Ne de olsa, yalnız olmak çok üzücü olabilir.

İNTERNET AĞIMIZ

Ana sitemiz:

http://www.kabala.info.tr/

İlk internet sitemiz olup en temel dokümanların yayınlandığı portal sitemizdir. Kabala hakkında Türkçe olarak yayında olan dünyadaki en büyük doküman arşivi olarak kabul edilebilir.

Dr. Michael Laitman'ın Blog Sitesi:

http://laitman.info.tr/

Hocamız Dr. Michael Laitman'ın günlük derslerinden derlediği kısa makalelerinin yayınlandığı blog sitedir.

Bu blog sitesi şu an 19 dilde yayın yapmaktadır ve Türkiye'deki öğrenci ve dostlarımızın katkılarıyla site Türkçe olarak da yayınlanmaktadır.

Dr. Michael Laitman'ın Eğitim Sitesi:

http://michaellaitman.com/tr/

Bu sitede Dr. Michael Laitman'ın uluslararası kamuoyunda dile getirdiği güncel sorunlara yönelik sunumlarını ve bu konularla ilgili uzmanlarla yaptığı söyleşileri takip edebilirsiniz.

Dr. Laitman, eğitim metodoloji ve uygulamaları ile günümüzde eğitimin geçirdiği en sıkıntılı dönemlerde olumlu değişimi desteklemektedir. Eğitime yeni bir yaklaşım sunarak, bağımlı ve integral dünyada yaşamın gereklilikleri için eğitime yeni bir yaklaşım sunmaktadır.

ARI Enstitü Merkezi:

http://ariresearch.org/tr/

ARI Enstitüsü, kâr amacı olmayan bir organizasyon olarak kurulmuştur. Eğitim uygulamalarına, pozitif değişime yaratıcı fikirler ve çözümlerle, şimdiki neslimizin giderek daha çok ihtiyaç duyduğu eğitim konularına kendini adamış bir organizasyondur. ARI, entegre ve birbirine bağlı yeni dünya düzeninin ve kurallarının farkına varılmasını ve küresel yeni dünyada uygulanmasını yeni bir düşünce yaklaşımı olarak sunmaktadır. İletişim ağları, multimedya kaynak ve aktiviteleriyle, ARI uluslararası ve farklı akademik çalışma grupları arasında işbirliğini desteklemektedir.

Kabala İlmi Eğitim Sitemiz:

http://em.kabala.info.tr/

Bu site internet olanakları kullanılarak en geniş kapsamlı eğitimi insanlara sunmak için yapılmıştır. İnternet ortamında bulunan sınıflar ve dünyanın en geniş kapsamlı Kabalistik metinler kütüphanesi gibi hizmetler sunan Bney Baruh'un tüm çabası, sorularınıza cevaplar bulabileceğiniz ve içinde yaşadığımız dünyayı daha iyi anlayabilmenizi sağlayacak olan bir ortam yaratabilme üzerine yoğunlaşmaktadır. Tüm kurslar ücretsizdir.

Media Arşivi:

http://kabbalahmedia.info/

Bu sitemizde yıllardır işlenmekte olan tüm ders, çalıştay ve söyleşi programlarının video ve MP3 arşivine ücretsiz olarak ulaşabilirsiniz.

Kabala TV Sitesi:

http://kabalatv.info/

Her sabah 03:00 – 06:00 arası yapılan canlı dersleri bu sitenin ana sayfasından takip edebilirsiniz. Ayrıca bu sitede Bney Baruh Kabala Eğitim Merkezi'nin Türkçe dilinde düzenlediği tüm video arşivini inceleyebilirsiniz. Bu sitede ayrıca 24 saat canlı yayın yapan TV odası ve aynı zamanda belirli zamanlarda canlı yayın yapan Radyo odasına ulaşabilirsiniz.

Sviva Tova – İyi Çevre:

http://kabbalahgroup.info/internet/tr/

Bu sitede Bney Baruh dünya topluluğu ile ilgili günlük bildirimleri takip edebilirsiniz. Bu bildirimler sayesinde tüm etkinliklerimizden haberdar olup bu etkinliklere internet üzerinden dâhil olabilirsiniz.

Ari Film:

http://www.arifilms.tv/

Ari Film yapımcılarının Kabala İlmi hakkında gerçekleştirmiş oldukları tüm sinema ve video çalışmalarına bu site aracılığıyla ulaşabilirsiniz.

Kitap Sitemiz:

http://www.kabbalahbooks.info/

30 farklı dilde yayınlanmış tüm kitapları bu sitede inceleyebilirsiniz.

Müzik Sitemiz:

http://musicofkabbalah.com/

Her birimiz müziği farklı algılarız. İki kişinin aynı melodiyi nasıl algıladığını karşılaştırmak mümkün değildir. Kabala, ruhun ilmi, bu nedenden dolayı kişiye özeldir. Kabala ruhun tümüyle açılıp, yaratıldığı zaman içinde mevcut olan mutlak potansiyeline ulaşması için bir yoldur.

Bu sitede yer alan melodiler, çok büyük kabalistlerden biri olan Baal HaSulam ve geçmişteki Kabalistlerin yaptıkları bestelerin farklı değişimleriyle düzenlenmesinden oluşmuştur. Ziyaretçiler ayrıca müzik ve Kabala ile ilgili bazı materyallere bağlantı bulabilirler.

Sosyal Ağlar:

Tüm sosyal ağlarımızın kısa linklerine sitelerimize girerek ulaşabilirsiniz.

Katkı Sunun

Kabala İlmi bir grup çalışmasıdır. Dünya'nın birçok ülkesinde grupları bulunan Bney Baruh Kabala Eğitim Enstitüsü tüm faaliyetlerini öğrencilerinin gönüllü katkıları ile sürdürmektedir. Bu katkılar bireylerin niteliklerine göre değişmektedir. Sitemizde de incelediğiniz gibi Bney Baruh, prensipleri gereği, kullanılabilecek tüm Öğrenim Araçları ile Manevi Bilgi'yi öncesinde hiç bir ön koşul öne sürmeden tüm insanlığa ücretsiz olarak götürmeyi kendisine ilke edinmiştir.

Bu doğrultuda Manevi Dağıtıma katkı sunmak isteyenler turkish@kabbalah.info adresine yazarak Bney Baruh ile iletişime geçebilirler.

NOTLARIM

www.ingramcontent.com/pod-product-compliance
Lightning Source LLC
Chambersburg PA
CBHW071453080526
44587CB00014B/2088